Mulheres que lucram

Francine Mendes

Mulheres que lucram

Guia para a independência
emocional e financeira
feminina

© 2021 - Francine Mendes
Direitos em língua portuguesa para o Brasil:
Matrix Editora
www.matrixeditora.com.br

Diretor editorial
Paulo Tadeu

Organização e edição de texto
Ana Paula Pereira

Capa, projeto gráfico e diagramação
Marcelo Correia da Silva

Revisão
Silvia Parollo
Cida Medeiros

CIP-BRASIL - CATALOGAÇÃO NA PUBLICAÇÃO
SINDICATO NACIONAL DOS EDITORES DE LIVROS, RJ

Mendes, Francine
Mulheres que lucram / Francine Mendes. - 1. ed. - São Paulo: Matrix, 2021.
184 p.; 23 cm.

ISBN 978-65-5616-103-7

1. Finanças pessoais. 2. Segurança financeira. 3. Mulheres - Condições sociais. I. Título.

21-70880

CDD: 332.024082
CDU: 330.567.2-055.2

Camila Donis Hartmann - Bibliotecária - CRB-7/6472

Sumário

Agradecimentos 7

Prefácio
Mulheres em ação e transformação 9

Parte 1
Mulheres que lucram com independência 11

Introdução
Como tudo começou... 13

Capítulo 1
A mulher e as emoções 21

Capítulo 2
Mulher e dinheiro 31

Capítulo 3
Casamento não é garantia de nada! 45

Capítulo 4
Infidelidade financeira 47

Capítulo 5
Um adendo sobre verdades absolutas 61

Parte 2
Mulheres que lucram com a carreira 65

Capítulo 6
Quanto vale seu tempo? 67

Capítulo 7
Transição de carreira 81

Capítulo 8
Você e seu dinheiro. Quem manda? 87

Parte 3
Mulheres que lucram com as finanças **109**

Capítulo 9
**Tudo que você sempre quis saber sobre
investimentos de uma maneira fácil de entender** **111**

Capítulo 10
**A importância de diversificar. A importância de diversificar.
A importância de diversificar.** **141**

Parte 4
Mulheres que lucram com o método OJI **145**

Capítulo 11
Método OJI: oportunidade, juízo, independência **147**

Capítulo 12
O tempo é das crianças **175**

Capítulo 13
Para terminar **181**

Agradecimentos

Escrever não é tarefa fácil, sobretudo a respeito de uma missão. Um livro é como um empreendimento, e construir uma empresa é desafiador, exige coragem, uma boa dose de ousadia e de processo. O resultado desta obra é a combinação de alguns ingredientes, como disciplina, paciência e determinação. Para lucrar moral e financeiramente com nossa existência precisamos em primeiro lugar uns dos outros. No meu caso, sou grata a algumas pessoas por embarcarem nesse sonho de ajudar mulheres a serem lucrativas em todas as áreas de suas vidas.

Primeiramente, gostaria de agradecer a Deus, por me carregar nos braços quando forças eu não encontrava.

A minha família, meus filhos Lara e Luca: eu não chegaria até aqui não fosse o poder do amor que existe entre nós. A André Gregori, meu melhor amigo, companheiro e parceiro, o homem que amo e que tornou minha vida ainda mais plena. Nossa bela história começa após o encerramento da edição desta obra e merece ser contada em outra oportunidade. Obrigada a vocês três por plantarem uma semente em minha alma, pela presença e compromisso de tornarem mais leves e felizes minhas escolhas.

À empresária, exemplo de mulher que transforma este país em todas as áreas e responsável pelo prefácio deste livro, Luiza Helena Trajano. Luiza, se para o mundo ficar melhor é preciso mais amor e conhecimento, certamente sua vida foi escolhida para você agir e construir boa parte desse valioso alicerce.

A Ana Paula Pereira, mulher que admiro, pela organização e edição do texto. Ana, você é uma das jornalistas mais talentosas que já conheci.

À advogada de família e sucessões, dra. Luiza Valete, muito obrigada pela condução da parte jurídica desta obra. Parabéns pela firmeza e doçura e pelo serviço que presta a inúmeras mulheres em nosso país.

Gostaria de agradecer também a todos que fizeram parte da minha história. Certamente cada um contribuiu à sua maneira com a delícia ou a dor de um momento importante para eu me tornar uma mulher corajosa, resiliente e lucrativa.

A autora

Prefácio
Mulheres em ação e transformação

Sempre digo que nada como uma coisa quando chega no seu tempo. Durante décadas, as empresas adotaram conceitos mecânicos de administração, que eram exigidos pelas organizações, cheios de regras rígidas e planejamento engessado.

Agora estamos na era da humanização, na qual características que foram permitidas à mulher desenvolver passaram a fazer a completa diferença para empresas que precisam basear seus diferenciais em criatividade e inovação.

Com essa nova realidade, a necessidade de um aperfeiçoamento mais concreto para as mulheres exige constante aprendizado, inclusive em questões que antigamente eram tabus, como a capacidade de as mulheres terem sua independência emocional e financeira.

Francine Mendes traz essa discussão no *Mulheres que lucram*, quebrando paradigmas que sempre fizeram parte da formação feminina e trazendo dicas que podem ser úteis para muitas mulheres que atravessam conflitos com sua ascensão e sucesso.

Que esta obra possa ajudar no desenvolvimento da inteligência emocional e da inteligência financeira das leitoras e proporcionar um retorno positivo em seus investimentos e na sua vida.

Luiza Helena Trajano

Presidente do Conselho de Administração do
Magazine Luiza e do Grupo Mulheres do Brasil

Parte 1
Mulheres que lucram com independência

Introdução
Como tudo começou...

"Toda dor pode ser suportada se sobre ela puder ser contada uma história."
Hannah Arendt

Para mim é um privilégio você ter decidido ler este livro. Antes de tudo, muito obrigada pela sua confiança. Esta obra contém um grande pedaço de mim, de quem eu sou, dos meus valores. Traz o resultado de anos de estudos, que não cessam. É o fruto de uma paixão que virou missão: a independência emocional e financeira das mulheres.

Não é pouca a responsabilidade de falar sobre algo tão importante, capaz de transformar vidas e empoderar de verdade. Por isso, antes de começar, eu acho necessário contar um pouco da minha história, sobre minha formação profissional, para nos conhecermos melhor.

Nasci em Criciúma, interior de Santa Catarina, e sou de uma família com mais dois irmãos, mais novos que eu. Enquanto meu pai saía para trabalhar todos os dias, minha mãe desdobrava-se nos afazeres domésticos. Ela passou a vida cuidando da casa, sem nenhuma ajuda, e ainda tinha de ouvir que não trabalhava. Eu tiro o chapéu para quem não enlouquece em uma realidade assim. Principalmente porque era como se minha mãe vivesse apenas uma tediosa rotina dedicada à casa e à família.

Eu cresci pensando que, definitivamente, não queria que a minha vida fosse como a da minha mãe. Com seus olhares, ela fazia questão de comunicar sua insatisfação pessoal. Meu pai lutava para que nunca nos faltasse nada. Tínhamos uma única obrigação, eu e meus irmãos: passar no vestibular de uma universidade pública.

Na verdade, eu tinha mais uma: meus pais queriam que eu tivesse um bom casamento e deixavam isso bem claro. Na cabeça deles e na de muitos pais, ainda hoje, bons casamentos protegem as filhas.

Estudei em escola pública até o ensino médio, onde crianças e jovens chegam com a mentalidade de que a vida é aquilo mesmo: trabalhar, pagar as contas, ter alguma diversão e só isso, assim como foi a trajetória de seus pais. Mas eu, de alguma maneira, queria muito mais. Quem eram meus aliados? Alguns professores e a biblioteca.

Minha primeira fonte de renda foi aos 12 anos. Eu cobrava por hora para ensinar alunos com dificuldade escolar em qualquer matéria. Com a renda, eu comprava bonecas, balas e esmaltes. A verdade é que eu não tinha nenhuma habilidade genial; tirava boas notas porque gostava de estudar e compartilhar o que aprendia.

Tudo apontava para uma conquista muito difícil, já que universidades públicas são muito concorridas. Foi quando entrou em cena a dona Isolete, diretora da minha escola. Baixinha, de cabelo chanel, meio loiro, meio grisalho, observadora. Ela chamou minha mãe para uma reunião e disse que era amiga do diretor da melhor escola da cidade. A escola que eu jamais imaginara frequentar. Aliás, sou assim até hoje: controlo as expectativas e faço o que tem de ser feito. Dessa forma, normalmente, o resultado é melhor do que aquele que eu espero.

O diretor da escola era apaixonado pela educação. Ele nos mostrou toda a estrutura do lugar. Eu estava radiante, mas minha mãe parecia aflita. Ao final da visita, ela se pronunciou, e eu entendi o seu receio:

— Leonir, não impressione a minha filha. Não sei se ela vai ter condições de estudar aqui...

Então, o diretor olhou para minha mãe e disse:

— Mãe, sua filha vai estudar aqui.

E foi assim que ganhei uma bolsa de estudos, e minha vida mudou completamente. Na escola "rica", no entanto, eu enfrentava outros desafios, como disputa de egos, competições calorosas entre os alunos e muito *bullying*. Apesar de ser um peixe fora d'água, eu estava ali para estudar e foi o que fiz.

Aos 16 anos, meu corpo não era mais de menina e me tornei uma jovem que chamava bastante atenção. Pelo menos o suficiente para despertar na minha família a síndrome de mãe de *miss*. De repente, então, eu me dividia entre estudar e participar, a pedido dos meus pais, de concursos de beleza.

Estudei muito, prestei vestibular e ingressei na universidade. Já no primeiro semestre, outra importante decisão a tomar: seguir com o curso de Economia pelo qual eu realmente era apaixonada ou aceitar o convite para participar de uma novela de uma grande emissora.

Estava estampado na cara dos meus pais o desejo de que eu deveria aceitar o convite da emissora, mas optei pela minha graduação no período noturno e, em seguida, entrei em dois estágios, um de manhã e outro à tarde. Nem por um momento me arrependi da minha escolha.

Nessa época conheci meu primeiro marido e, aos 18 anos, noivei.

Em um ano de faculdade, minha vida profissional já ganhava destino. Foi ali que conheci o Jurandir Sell Macedo, professor de Finanças Pessoais, que me contou que tinha amigos abrindo um dos primeiros escritórios de investimentos do estado. Eu entrei no escritório como estagiária, e meu amor pelo mercado financeiro se consolidou definitivamente. Não demorou para eu me tornar sócia, e conseguirmos ser o maior escritório de finanças de Santa Catarina.

Eu me casei assim que me formei, aos 22 anos. Meu marido ganhava mais do que eu e incentivava minha carreira, embora no fundo torcesse para eu ficar em casa. "Você sabe que não precisa", ele repetia. Suas palavras me confortavam e me assustavam na mesma medida.

Tudo ia tão bem que decidimos ter um bebê. Só não calculamos o momento ideal, já que ele também estava a mil por hora. O resultado foi que nos afastamos totalmente nesse período. Trabalhei até o último dia da gravidez e, aos 24 anos, ganhei uma filha, Lara. Eu me tornei mãe e, enquanto minha filha passou a ser minha prioridade, a rotina do pai permaneceu quase que inalterada.

Aos olhos da sociedade, porém, nossa vida era perfeita. Casal jovem, bonito, talentoso, com uma bebê linda e saudável. Mas meu casamento havia acabado durante a gravidez; nós nos desconectamos no dia do anúncio da gestação. Além disso, eu estava seriamente deprimida no pós-parto, não só pelo desgaste da relação, mas também por estar distante das empresas, da profissão que eu amava, dos meus projetos, de tudo que eu havia planejado e construído. Não foram poucas as vezes que pensei em desistir da vida.

Eu estava doente e completamente refém dos estereótipos sociais.

Foi nessa época, em um dos cafés em frente ao escritório de investimentos, que conheci um homem decidido a me conquistar e, no estado emocional em que eu me encontrava, foi especialmente fácil o envolvimento. Dentro de casa, eu e meu marido seguíamos distantes, vivíamos apenas sob o mesmo teto, apesar de ainda amarmos a nossa família. Não sei até hoje se foi uma paixão ou um pedido de socorro, mas bastaram três meses de envolvimento com esse outro homem para eu deixar a minha cidade. Com minha filha de dez meses fui com ele viver uma nova história. Fomos morar no Rio de Janeiro e, como eu ainda não estava curada da depressão, fui vivendo um dia de cada vez. Eu me descobri grávida com quatro meses de relação.

Cada vez mais afastada da vida profissional que eu prezava tanto, lá estava eu, mais uma vez, triste e sem ter nada a ver com a vida que levava. Passeávamos eu, Lara e a babá pelo luxuoso condomínio todas as manhãs. À tarde, eu saía muitas vezes sem destino, com um cartão de crédito ilimitado e o motorista a tiracolo. Parece um sonho, não? Qualquer pessoa que viva dessa maneira está fadada a se sentir vazia, mais cedo ou mais tarde.

Comecei a "fugir" das livrarias. Quanto mais conhecimento você adquire, mais opinião tem. Quanto mais opinião, mais liberdade. E eu não tinha nada muito valioso, um projeto. Nada me motivava, a não ser meus filhos: tinha outro na barriga.

Eu realmente estava sofrendo, e todas as noites torcia para não despertar no dia seguinte. Aos oito meses de uma gestação bem conturbada, o Luca nasceu. Nessa época eu tinha 26 anos.

Um dia eu conversei com meu companheiro sobre minha necessidade de ter um projeto profissional, mas ele se opôs à ideia. Em sua cabeça isso não era necessário, pois eu já tinha tudo. Era verdade, mas esse tudo era dele... Era meu enquanto eu estivesse com ele. Existe insegurança maior do que essa?

Já na minha cabeça, com dois filhos pequenos e uma vida pela frente, eu precisava ter competência para lutar pela minha liberdade. Mas estava presa, me sentindo cada vez mais sufocada, vigiada e deprimida. Para sair dessa condição, contei com muita ajuda: minha obstetra, minha psicóloga, meus pais, meus irmãos.

Era hora de agir. Certo dia, ao acordar, fiz as malas, coloquei as crianças no carro e fui para o aeroporto. Embarcamos para Florianópolis, onde mora minha família. Lara tinha 2 anos, e Luca, apenas 7 meses. Eu estava muito magra, fraca e doente. Mas mesmo sozinha com as crianças e extremamente fragilizada, eu voltei a ter vontade de acordar todas as manhãs.

Não foi fácil. A cidade havia virado as costas para mim, a sociedade me julgava, amigos desapareceram, e eu precisava reconquistar a confiança das pessoas que ainda me amavam.

Alguns meses se passaram, e nesse período decidi lutar para resgatar meu casamento. Foi assim que retomei a minha relação com o pai da Lara e me casei duas vezes com o mesmo homem. Era um desafio fazer dar certo, mas eu estava disposta e ele também. Juntos, queríamos deixar o passado para trás e cuidar da nossa família. Será que a Cinderela iria finalmente ser feliz para sempre?

Mulheres que não lucram buscam outra pessoa que as complete.	**Mulheres que lucram entram completas em uma relação.**

Como diz um velho ditado judaico, "a gente faz planos, Deus dá risada..."

O sonho de retomar minha profissão era evidente. Eu sentia cheiro de mercado financeiro. Nesse momento, o pai da Lara foi importante. Bastou uma pergunta para a afirmação: Por que não? Você é tão boa nisso!

Pesquisei sobre uma instituição fora do país, enquanto isso meu marido ingressava em um doutorado e eu em um mestrado em psicanálise, que direcionei para a ótica do consumo — afinal, consumo e economia estão intimamente ligados. Sempre que eu fazia algum planejamento financeiro, percebia que o maior empecilho à poupança era a dificuldade que as pessoas têm de lidar com o consumo. Era algo inédito juntar essas duas variáveis em uma mesma pesquisa, então vi uma chance de me diferenciar.

Eu queria voltar ao mercado, mas fazer uma transição de carreira não é tão simples. Principalmente com dois filhos pequenos. Em meio a tudo isso, precisei lidar com uma nova série de contratempos no meu relacionamento. Nossos problemas antigos passaram a ser ainda mais frequentes. O tempo passava, e eu acreditava cada vez mais em mim e menos em nós.

Minha independência emocional e financeira foi construída e planejada. Ter liberdade de escolha em todas as esferas da minha vida era quase impensável no início, até eu descobrir o poder das emoções e o dinheiro bem administrado na vida de uma mulher.

Quando percebi que meu padrão de vida junto dos meus filhos e tudo que eu gostava de fazer permaneceriam inalterados, independentemente de quem estivesse ao meu lado, nasceu em mim um amor tão intenso quanto exclusivo pela pessoa que eu havia me tornado. Isso é algo indestrutível. A independência me deu segurança para não mais sustentar relacionamentos que me desconectavam dos meus objetivos.

Apesar do desejo de fazer dar certo, a segunda separação do mesmo marido foi tão dolorosa quanto inevitável.

Na sequência, terminei o mestrado e retomei minha paixão profissional: o mundo dos investimentos, agora com foco exclusivo nas mulheres, a parte mais frágil quando a corda arrebenta, mas também aquela que havia renascido com toda a força em mim.

Não é possível ter um plano de liberdade sem saber fazer dinheiro e investindo por meio de um banco, disso eu soube desde que entrei na faculdade. Em plataformas de investimentos, eu tive a liberdade que buscava para desenvolver um projeto voltado exclusivamente para mulheres, mesmo elas sendo vistas por esse mercado como um nicho mais cauteloso, criterioso, observador e, teoricamente, com menos dinheiro que os homens.

Foi lá que eu dei os primeiros passos para realizar um antigo sonho, que por muito tempo pareceu mais uma utopia do que um objetivo realizável: igualar o número de mulheres ao dos homens no mercado financeiro.

Mas como? Como ajudar outras mulheres a construir independência financeira, superar seus medos, ideias equivocadas sobre o dinheiro e, por fim, lucrar?

O desejo de escrever este livro foi uma das primeiras respostas que me vieram à mente. Eu queria compartilhar a minha história, lições aprendidas e conhecimento sobre a importância de dominar as emoções para ser competitiva em todas as áreas de nossas vidas.

Nessa época, mostrei alguns trechos do livro para um amigo jornalista, Alexandre Mercki. Com muita experiência e sensibilidade, ele me disse que o livro poderia transbordar os limites das palavras. Eu entendi rapidamente que tinha a oportunidade de unir a minha experiência como economista, história pessoal e mestrado em psicanálise àquele sonho. Eu não perdi tempo.

Passei meses e meses debruçada no meu projeto, abri mão de momentos com as pessoas que eu amo para, ao lado de outras mulheres, construir algo que pudesse superar as barreiras que as impedem de lucrar: nossos vieses comportamentais.

Mas isso não era suficiente. Muitas mulheres estão fora do universo dos investimentos, endividadas ou gastando tudo que ganham não apenas porque foram orientadas desde pequenas que investir não é algo feminino. A dificuldade está também em entender o funcionamento do mercado financeiro, outro grande desafio que eu precisava superar para conseguir igualdade entre investidores e investidoras.

A solução, portanto, era mais do que compartilhar conhecimento; eu precisava tornar possível o acesso ao mercado financeiro de forma simplificada, humanizada e colaborativa, assim como nós, mulheres, somos. Uma mulher nunca lucra sozinha, sempre arrasta uma multidão junto com ela. Nós somos assim!

Essas necessidades me ajudaram a idealizar, criar e fundar a EQL, acrônimo de Elas Que Lucrem. Um nome que transmite a ambição de ajudar outras mulheres a lucrar em seus relacionamentos, na maternidade, nas finanças, na carreira e onde mais quiserem.

Com tudo que passei até hoje, aprendi que quando a pessoa não depende de ninguém, ou melhor, quando pode escolher de quem depender (tomara que seja de você mesma), com parceria e companheirismo, ela tem poder e suas opiniões e decisões são amplamente respeitadas. Sabe aquela máxima "quem paga, manda"? Pura verdade.

Com a EQL, todos os dias meu sonho se torna cada vez mais real. Mas a EQL não é sobre mim, é sobre nós, mulheres. É o meu objetivo conquistado por meio de outras vidas transformadas, mulheres que deixaram de se juntar a estatísticas negativas sobre finanças femininas e decidiram lucrar com suas escolhas. Nada é mais gratificante do que mudar a vida de outras pessoas e, por tabela, o mundo em que vivemos.

Eu compartilho a minha história não porque quero ser exemplo, mas porque desejo mostrar o poder que a capacitação emocional e a educação financeira têm em potencializar nossos talentos e sonhos. A força de uma mulher contagia tudo ao seu redor e é capaz de qualquer mudança. Foi isso que fiz a minha vida toda, mudei e mudo constantemente.

Foi difícil? Sofri? Muito! Mas posso garantir que valeu a pena. Descobri que para lucrar precisamos deixar nossa zona de conforto e lutar pelo que acreditamos, mas sem romantizar a nossa profissão ou condições de vida. Muitas vezes precisamos ser práticas, racionais e ter coragem de virar a mesa sempre que for necessário. Conseguimos fazer tudo isso sozinhas ou acompanhadas; sem dúvida a segunda condição é mais prazerosa, desde que essa companhia nos acalme o coração. Se você já tiver uma parceria ou ainda vai encontrar, guarde e cuide dela como quem cuida de um tesouro.

Meu conselho para você: mude, aprenda, invista, seja gentil, mande, pense e LUCRE!

Mulheres que não lucram são coadjuvantes.	**Mulheres que lucram são protagonistas.**

Capítulo 1

A mulher e as emoções

"Quando me sinto insegura, uma tática que aprendi,
e que às vezes ajuda, é fingir."
Sheryl Sandberg

É simples ser mulher? Se decidirmos seguir com um padrão social sobre como deve ser a criação das meninas, sim. Difícil mesmo, como dizia Simone de Beauvoir, é tornar-se mulher de verdade.

As meninas crescem com a missão de servir, e as que o fazem são idolatradas socialmente por isso. Admite-se que a conquista de um marido ou alguém responsável pela nossa proteção irá nos livrar do mal. Amém! Quanta perda de tempo empreender energia para conquistar alguém antes de algo.

A literatura tradicional enaltece as emoções da mulher frágil. Shakespeare dizia: "fragilidade, teu nome é mulher!". Em Nietzsche, lemos que a felicidade do homem é "eu quero", já a felicidade da mulher é "ele quer". As mulheres são, em sua maioria, criadas para obedecer. A mulher até conhece a sua força, mas não a compreende e, por isso, não a utiliza.

Tudo porque o homem é convocado para a guerra, e a mulher, para o prazer do guerreiro. Na verdade, parece mesmo que o sobrenome da mulher tradicional é "gestação". Desde pequenas, pergunta-se às meninas: "Quantos filhos você quer ter?". O homem, para a mulher, é um meio, e o filho, o fim. De preferência um menino, por favor, um guerreiro, um pegador, *ops*, um predador! Aliás, os meninos merecem maiores mesadas, mais dinheiro, porque, afinal, meninos precisam proteger as meninas, não é mesmo? E lucrar é sinônimo de sucesso, e quem tem sucesso consegue ter responsabilidade sobre si primeiro, e depois sobre os outros.

Mas o que é lucro?

Lucro, segundo o dicionário Michaelis, é o "proveito de ordem material, moral ou intelectual que se tira de alguma coisa". É o retorno positivo sobre seus investimentos na vida.

Tudo na vida é investimento. Na economia e na vida há investimentos que nos fazem lucrar, outros não.

Em sociedade, o lucro foi historicamente atribuído ao homem porque ele era responsável pela proteção das mulheres, colocando-nos em uma posição não apenas de dependência, mas também de incapacidade de buscar nossos próprios sonhos.

Por isso até hoje eles lucram, e quanto mais o fazem, mais são dignos de nossa admiração. Existe uma crença de que as mulheres preferem homens com dinheiro. Será que essas mulheres, na verdade, não admiram mesmo a forma com que conquistam e a capacidade de gerar lucro?

Os seres humanos, em geral, gostam do sucesso e de estar perto de quem o tem ou o persegue. O lucro é fruto do sucesso das nossas escolhas. Pessoas que lucram têm uma insatisfação positiva pela vida: são ambiciosas e querem sempre aprender mais, evoluir e melhorar em todas as esferas, incluindo a financeira.

Lucrar é simples, mas não é fácil e possível tanto para homens quanto para mulheres.

Quem lucra costuma não perder tempo. Nós, mulheres, ainda somos vistas como histéricas, queremos discutir a relação, culpamos outras mulheres pelos nossos dilemas e dores, nos dividimos em múltiplas tarefas, e costumamos ganhar menos porque somos "menos produtivas" e nos contentamos com a posição de frágeis. E por que produzimos menos riquezas?

Será porque estamos ocupadas demais com responsabilidades não remuneradas dentro de casa, ou preocupadas em encontrar e manter uma relação que nos ofereça a ilusão de uma proteção?

O que estamos ensinando às nossas meninas sobre divisão de tarefas e responsabilidades sobre si próprias? Quais valores compartilhamos todos os dias com nossas crianças sobre tradições atrasadas e responsáveis por perpetuar um sistema de desigualdade entre gêneros?

Você é uma mulher que lucra? Vou ajudá-la a descobrir.

A mulher que lucra e a que não lucra diferem bastante em três características básicas:

1. Senso de realidade

A mulher que lucra aceita as coisas como são e acredita que a vida tem um sentido. Sabe que veio a este mundo para aprender e evoluir. Por isso, questiona-se o tempo todo. Essa mulher pergunta, em situações difíceis: Por que não comigo?

A mulher que não lucra se vitimiza e pergunta: Por que comigo?

A realidade é cara e, que bom, às coisas caras costumamos atribuir valor maior. A mulher que lucra prepara-se para se reconstruir quantas vezes for possível. Ela sobrevive a contratempos mais adversos e tem histórias interessantes para contar.

A mulher que não lucra reclama, é vítima de suas dores. Essa mulher frágil costuma dar pérolas aos porcos e, definitivamente, considera seu ego um confidente importante. Ela atribui aos outros a responsabilidade pelos infortúnios da vida. Não se autorresponsabiliza, não se conhece e, consequentemente, não evolui.

2. Um projeto de vida

A mulher que lucra busca algo que dê sentido à vida; eu disse algo e não alguém. Essa mulher tem valores firmes e pode até se submeter durante um tempo a situações que divergem de seus valores. Ela é paciente, mas tem clareza dos seus objetivos.

Se não consegue enquadrar a situação dentro do que acredita, ela muda de situação. Ou seja, a mulher que lucra aceita as coisas que não pode mudar, e muda as coisas que não pode aceitar.

Essa mulher tem uma crença e sabe que veio para fazer a diferença. Ela acredita nela mesma, tem fé e tenta, quantas vezes for preciso, chegar ao seu objetivo. Deixa algumas certezas pelo caminho, é flexível, pode mudar de opinião quando apresentada a novos fatos, mas jamais abandona seus valores.

Já a mulher que não lucra vive do sonho de alguém, é coadjuvante do projeto de outras pessoas. Essa mulher ainda não tem seus valores claros, e por isso não consegue ser honesta consigo mesma. A mulher que não lucra permanece numa situação mesmo sangrando, pois se acha incapaz de roubar uma vida.

Essa mulher acredita que outros vão realizar seus sonhos. Ou seja, ela está em busca de alguém para salvá-la e protegê-la do "mal", dos seus medos e incertezas. A mulher que não lucra é volúvel e vai ao sabor do tempo, está de carona nos objetivos alheios. Essa mulher abandona suas certezas, suas vontades e seus sonhos. Seus valores acompanham os valores das pessoas ao seu redor.

3. Capacidade de improviso

A mulher que lucra sabe que nem a vida, nem os projetos são cartesianos: metódicos e absolutamente sistemáticos. A qualquer momento tudo pode mudar e, que bom, tudo muda mesmo. Isso mostra que a vida está acontecendo.

Essa mulher tem uma capacidade perspicaz para improvisar. Ela sabe que para nadar no meio dos tubarões não pode sangrar. A mulher que lucra usa o que tem, como pode e na hora que dá para resolver um problema. Aliás, inteligência é a capacidade de resolver problemas e improvisar em situações difíceis. Todas as mulheres têm naturalmente essa capacidade, mas nem todas a utilizam para lucrar.

Por estar ocupada demais com seus projetos, essa mulher lucrativa é responsável por eles, por isso tem pouco tempo para questões irrelevantes. Ela não tem curiosidade por coisas ruins, sabe que o tempo se encarrega de trazer algumas soluções e, como aprendeu a improvisar, costuma se sair mais forte de situações difíceis.

A mulher que não lucra se assusta perante as situações mais adversas. Tudo que sai do fantasiado é um drama. Para ela, a vida deixa de acontecer nas tempestades; ela sempre espera o socorro de alguém. Essa mulher até vê, mas tem dificuldade de enxergar e absorver as lições que a vida traz a cada tempestade. Ela vive em cegueira cultural.

Essa mulher costuma estar ocupada demais com projetos alheios e, portanto, usa seu precioso tempo para aguçar sua curiosidade por coisas ruins e para se dedicar a sonhos que não são seus. Por isso costuma sofrer mais e é normalmente a mulher que mais enfrenta dificuldades emocionais e financeiras ao longo e no fim da vida.

Já a mulher que lucra não julga, ela questiona. Ao contrário, a mulher que não lucra julga o comportamento de outra e tem verdades absolutas consolidadas.

Não há nada de errado sobre qual tipo de mulher você é ou deseja ser. Seja quem você der conta de ser. Mais adiante vamos ver estatísticas sociais e econômicas sobre essas duas mulheres, e você poderá decidir qual estilo adotar.

O lucro e a independência emocional

A independência emocional nada tem a ver com viver uma vida solitária, sem um companheiro ou companheira para dividir os momentos bons e ruins, para ter colo, para nos ajudar com nossos projetos. Sim, tudo isso é muito bom e necessário. Ninguém faz nada sozinho.

Ser emocionalmente independente significa não aceitar qualquer coisa na vida e nas relações. Uma mulher que lucra não mantém uma relação por conveniência, mas sim de admiração mútua; aprende todos os dias, ama a si e ao outro de forma leve e equilibrada. Porém, na frustração e na falta de uma companhia que valha a pena, essa mulher dá conta de si. Ela tem prazer em viver consigo mesma.

Independência emocional é chegar completa no trabalho, nas relações, na maternidade. É ter clareza do que está fazendo e gostar de como está, onde está e com quem está, ainda que esse alguém seja apenas você.

Há duas formas de conquistar a independência emocional: uma é conhecer bem seus pensamentos, a outra é reeducar sua mente.

Conhece-te a ti mesmo, que no nosso caso poderíamos adaptar para "Conhece-te a ti mesma", é uma frase socrática que se popularizou entre os livros de autoajuda — às vezes alguns clichês são importantes.

Segundo a filósofa Hannah Arendt, pensamentos nada mais são do que sua consciência aparecendo para você. Os pensamentos carregam nossas vivências, percepções e formulam sonhos. O coração guia nossas emoções, já a mente constrói nossos valores a partir de um ambiente social e cultural que orienta nossos pensamentos — uns conscientes, outros não. São nossos pensamentos que direcionam nossas escolhas. Portanto, o ato de pensar revela quem somos. Seja honesta sobre isso. Tenha clareza sobre quem você é e use-os para lucrar.

A mulher que lucra aprende a analisar seus pensamentos e confia em seu próprio julgamento, sem deixar de levar em conta as opiniões de quem admira.

A mulher que não lucra é dependente de opiniões alheias e toma decisões a partir de pensamentos e conselhos de outros, muitas vezes de pessoas que não compartilham os mesmos valores. Ter clareza sobre os caminhos errados é tão ou mais importante do que a certeza sobre a direção correta.

Por outro lado, o que fazer quando acessamos nossos pensamentos e não conseguimos encontrar respostas para as inseguranças?

Nossos pensamentos são responsáveis por quem nos tornamos. A qualidade da mobília da nossa mente tem poder para nos deixar alegres, tristes, sensíveis, preguiçosas, proativas, exaustas, fortes, frágeis, histéricas, calmas, autoconfiantes, ansiosas, depressivas, incapazes, leves, pesadas, criativas, destrutivas, construtivas, ou seja, a arquitetura de nossos pensamentos nos faz lucrativas ou não.

A mulher que lucra cuida da mobília de sua mente. É sua própria arquiteta. Como decorar nossa mente com elementos que trazem conforto e segurança para tomar as rédeas de nossas vidas? Com vivência, capacitação e consumo de informações de qualidade.

A criatividade é fator-chave para nos mantermos firmes em situações cruéis. Segundo o filósofo David Hume, quanto mais experiências vividas e mais nossos cinco sentidos são explorados, mais percepções e sinapses temos na memória.

Para Hume, as ideias e percepções se originam de impressões ou vivências fortes. A capacidade de criar saídas e formular ideias depende das nossas experiências.

Se você não encontra recursos intelectuais para ser responsável pela vida que quer levar, precisa reeducar seus pensamentos e se movimentar para lucrar. Para isso, deve trazer para a mente elementos que fazem parte dos seus valores: leitura, vivências que explorem os sentidos sensoriais, como viagens, cultura, passeio no parque, alimentação saudável, conversa com profissionais e pessoas que admiramos. São medidas cruciais para mobiliar nossos pensamentos e encontrar abrigo dentro de nós mesmas quando precisarmos nos acessar.

O sexto sentido, ou seja, a intuição, também deve ser ouvido; a mulher que lucra costuma seguir as batidas do coração. Essa é uma forma inteligente de lucrar com a diversificação de investimentos na vida.

Mulher de fases

A mulher que deseja lucrar precisa vencer a barreira da dependência emocional. Existem várias fases no caminho da busca pela independência; é uma construção, como num jogo em que você precisa atravessar muitas barreiras para avançar à fase seguinte — eis o desafio.

Enquanto não aprendemos com os nossos erros e os de outras mulheres, andamos a passos de tartaruga e lucramos pouco. Só passa de fase a mulher que observa e observa-se. Essa mulher também aprende a engolir sapos.

Deixa de reclamar e vai à luta. Para de atacar e não julga outras mulheres. A mulher que lucra coloca o ego numa caixinha e descobre sua maneira particular de ser feliz.

É especialmente difícil ser uma mulher independente, temos de superar uma frustração cultural em jogo. Mas quem constrói a cultura? Nós, mulheres, somos mais de 50% da população mundial. Será que temos poder para combater esse instinto ultrapassado do homem primitivo? Sim, temos!

Uma civilização, segundo Freud, é constituída sobre a renúncia dos instintos — esse termo ele atribuía à questão sexual e libidinosa, que formou nossa sociedade insatisfeita. A partir da renúncia dos nossos reais desejos, formamos uma sociedade — e sofrer, segundo o psicanalista, é parte da civilização.

Há dois pontos fundamentais para mudar de fase: o primeiro é aceitar e conviver com as críticas; o segundo é dar e saber receber *feedbacks*.

As críticas nos fazem pensar. Aceitar não significa concordar, mas respeitar o ponto de vista do outro. Lembre-se, a sociedade é machista e patriarcal porque foram milhares de anos assim, e os conflitos são importantes para defender nosso ponto de vista. Uma mulher que lucra é segura intelectualmente, portanto respeita os posicionamentos diferentes.

Críticas e conselhos ela absorve apenas de pessoas que são importantes para seguir lucrando — importante é quem e o que trazemos para dentro de nós.

Já a mulher que não lucra, quando julgada, ativa uma crise de identidade e ansiedade. Essa mulher costuma partir para o confronto e perde a oportunidade de aprender. Saber diferenciar um conflito de um confronto é um exercício diário que devemos fazer com classe.

Conflito é aceitar que outras pessoas têm pontos de vista diferentes e questionar com embasamento técnico e teórico, sem ferir a honra ou ofender o próximo. Confronto é impor seu ponto de vista de forma agressiva, física ou moralmente em relação ao outro.

Mulheres que lucram lidam bem com ignorantes, porque sabem ser, elas também, ignorantes. Como sabiamente disse Einstein, "Todos somos ignorantes, ocorre que nem todos ignoram as mesmas coisas". Escolha o que ignorar e siga.

O segundo ponto para a mulher que lucra continuar mudando de fase é aceitar *feedbacks* e retribuir na mesma medida. A palavra *feedback* vem do inglês e representa a junção de *feed* (alimentar) e *back* (de volta), ou seja, essa tradução é entendida como o ato de realimentar, dar resposta a uma atitude ou comportamento.

A parte crucial para relacionamentos pessoais e profissionais que dão certo ou errado é a comunicação. Como você se comunica em sua casa e no seu trabalho?

Para lucrar nas relações precisamos usar o jeito, jamais a força. Ser gentil mesmo em situações cruéis. Sim, temos que ter sangue frio; a mulher que lucra espera 24 horas para agir.

Um *feedback* pode ser positivo ou negativo, por isso devemos cuidar para não elogiar ou criticar demais. A diferença entre remédio e veneno pode estar na dose. Isso vale também na educação dos filhos.

Ouvidos abertos, ponderações equilibradas e humildade em reconhecer o que não se sabe são características básicas para lucrar constantemente em todas as áreas da vida.

Ouça atentamente os *feedbacks*; a mulher que lucra constrói sua própria história a partir dos seus fracassos e sucessos.

Mulher e sucesso (quase uma ofensa pessoal)

Geralmente o ser humano admira o sucesso, mas ainda vejo confusão sobre o que representa de fato uma pessoa bem-sucedida e lucrativa aos olhos da sociedade. O sucesso é atraente porque costuma ser associado a outro ingrediente desejado: o dinheiro. A mulher foi preparada para ser bem-sucedida como esposa e mãe. Quanto lucra uma mulher nessa situação?

Quem lucra de maneira emocional e financeiramente geralmente tem sucesso em todas as áreas da vida. A mulher que lucra tem uma característica incomum quando comparada às outras: proatividade. A mulher que ainda não lucra, mas deseja fazê-lo, tem um inimigo a combater: a preguiça. Só temos preguiça quando estamos no projeto do outro, que não faz sentido para nós. Procrastinamos quando não é importante.

Parafraseando Richard Edler, "Sucesso mesmo é acordar todos os dias, não importa quem somos, com quem estamos e onde estamos, não importa nossa idade, nosso patrimônio, levantamos da cama porque existem coisas essenciais que amamos fazer, nas quais acreditamos, e coisas em que somos muito boas. É um sentimento maior que nós mesmas".

A mulher que lucra está sempre atenta ao bode na sala: aquele problema que está ali e precisa ser logo resolvido para continuar lucrando. Essa mulher não pensa em vencer, o importante para ela é conseguir o que deseja. O dinheiro é uma consequência da venda bem ou malsucedida do seu tempo.

A independência emocional é adquirida aos poucos, com amor e conhecimento, e precisa ser construída lado a lado com a independência financeira. Não pelo dinheiro, mas pela liberdade de escolha que a mistura desses dois ingredientes propicia à vida da mulher que consegue lucrar e arrastar pelo exemplo várias outras mulheres.

A mulher que lucra tem prazer em dizer "faça o que eu digo e faça o que eu faço". A mulher que não lucra não tem tanto prazer pela vida que leva e diz "faça o que eu digo, mas não faça o que eu faço" (porque ela sabe que poderia fazer diferente).

Afinal, o que impede as mulheres de terem a vida que querem levar? Você quer se tornar permanentemente livre para escolher? Vamos aprender jogando.

Capítulo 2
Mulher e dinheiro

"O dinheiro não compra a felicidade, mas pode deixá-la terrivelmente
confortável enquanto você estiver infeliz."
Clare Boothe Luce

Por que a mulher (acha que) não sabe administrar sua vida e lidar com dinheiro?

A resposta é simples: porque colocaram isso na nossa cabeça. Da mesma forma que colocaram que dirigimos mal e que temos medo de barata (ok, talvez esta última seja verdadeira...).

> "A melhor poesia que um homem pode ler para uma mulher é aquela que sai impressa dos caixas eletrônicos."

> "Sabe quando uma mulher perde 95% da sua inteligência? Quando ela se separa do marido."

> "Você é muito bonita pra ser inteligente."

> "O homem esperto é aquele que ganha mais do que a sua mulher consome. E a mulher esperta é aquela que acha um homem desses."

> "Mulher não gosta de homem, mulher gosta é de dinheiro."

> "O assaltante pede seu dinheiro ou sua vida; as mulheres querem os dois."

Essas são apenas algumas das frases que você com certeza já ouviu, ou já riu, constrangida, quando lhe contaram, e eu aposto que, se faladas em uma mesa de bar, os homens irão achar muito engraçadas. Se bem que, com a última delas, em parte eu concordo. Mulher gosta de dinheiro, sim! Já de homem, algumas gostam, outras não...

> Mulheres que não lucram abrem mão de suas escolhas.

> Mulheres que lucram se questionam, pensam, planejam e agem!

Finanças é assunto de homem?

Quem disse que os homens lidam melhor com o dinheiro? É possível se interessar por moda, academia e outros assuntos, e também desbravar o mundo financeiro. Por que crescemos acreditando no contrário? Esses vieses inconscientes são poderosos e vêm, geralmente, acompanhados de um histórico sociocultural.

> Mulheres que não lucram são apegadas às opiniões alheias.

> Mulheres que lucram são apegadas a informações e conhecimento.

Apenas para se ter uma ideia, no Brasil as mulheres só ganharam autonomia para abrir uma conta bancária sem permissão formal do marido na década de 1960. Em termos históricos, estamos falando de um passado ainda recente, um contexto em que nossas mães e avós eram não apenas responsáveis pela casa, pelos filhos e por sustentar a harmonia do casamento, mas também privadas de cuidar individualmente de suas finanças.

Muita coisa mudou desde então, mas se você tem mais de 30 anos e ainda não se casou, não namora firme ou não tem planos de ter filhos, diga-me se houve um (apenas um) encontro familiar no qual esses temas foram abordados em tom de cobrança... Pois é, conquistamos muito, mas ainda vivemos em uma sociedade que associa a realização e sucesso feminino ao matrimônio e à família. Ter um estilo de vida diferente não é bem-visto, aceitável ou recomendável. Além dos tabus, enfrentamos piadas, pressões travestidas de brincadeiras e uma enorme autocobrança para atingirmos esses objetivos cujos sonhos nem sempre são nossos.

Além do prazo de validade para se criar uma família, todos esperam que sejamos boas esposas, boas mães e boas profissionais (mesmo que não excelentes, pois a carreira, sim, pode ficar em segundo plano). O importante é sermos boas cuidadoras: do marido, dos filhos e depois dos pais. De acordo com um estudo da Universidade de Princeton sobre os hábitos das famílias norte-americanas, as filhas cuidam dos pais em média 12,3 horas por mês; já os filhos, menos da metade: 5,6 horas.

O que muitos chamam de "espírito materno" é o que leva as mulheres a assumirem uma enorme responsabilidade, muitas vezes também com relação a outras pessoas de seu círculo familiar. Levante a mão aí quem não se sente exausta!

Não há nada de errado em cuidar da família, sonhar em casar, ter filhos e se dedicar à felicidade das pessoas que amamos, desde que esse seja também o nosso sonho e que toda essa dedicação não nos impeça de sonhar coisas ainda maiores, de reinventar, de buscar o autocuidado e a própria felicidade.

Mulheres que não lucram absorvem responsabilidades que não são suas.	Mulheres que lucram assumem e também delegam responsabilidades.

Hoje somos escolarizadas, cuidamos melhor de nossa saúde, vivemos mais que os homens, mas ainda ganhamos menos.

De acordo com o IBGE, as mulheres ganham menos do que os homens em todas as ocupações selecionadas na Pesquisa Nacional por Amostra de Domicílios Contínua (PNAD Contínua). Mesmo com queda na desigualdade salarial entre 2012 e 2018, as mulheres brasileiras ganham, em média, 20,5% menos que os homens. Quando se trata de mulheres negras, a diferença é ainda maior: elas recebem menos da metade em relação aos homens brancos.

É totalmente inaceitável que uma mulher que produz o mesmo que um homem receba menos. Temos que falar sobre isso.

Como falar sobre dinheiro

Falar sobre dinheiro não pode ser tabu. Para muitos, ainda é como falar de uma coisa suja, imoral, que nada tem de romântico. Infelizmente, desde a infância aprendemos que o dinheiro é sujo. A relação entre dinheiro e sujeira (em todos os sentidos) fica impregnada na cabeça das crianças, depois é difícil mudar esse pensamento.

O dinheiro está todo o tempo ao nosso redor. Quando conhecemos alguém especial, o assunto surge logo no primeiro encontro. Quem paga? Nossas avós (e algumas mães) afirmam que os homens sempre devem pagar a conta no primeiro encontro. Para começo de conversa, isso pressupõe que todos os casais incluam um homem, o que muitas vezes não acontece. E se incluir dois homens? Pagar a conta no primeiro encontro é uma gentileza e um gesto que mostra interesse, mas não precisa necessariamente ser uma atribuição masculina. Alguns dizem que quem convida deve pagar. Então, se quer evitar qualquer mal-estar na hora da conta, pode deixar claro de início: "Queria te convidar para jantar. Topa?"

Quanto mais direto for, menor é o constrangimento.

Se tratarmos o dinheiro como parte natural da conversa desde o início, é pouco provável que ele se torne um assunto estranho mais para a frente.

Mulheres que não lucram se movem por interesses.	**Mulheres que lucram são interessadas.**

A ambição, assim como o dinheiro, é outra coisa que nós, mulheres, somos orientadas a não ter, não demonstrar ou falar sobre ela. Mulheres ambiciosas são vistas como perigosas, pecadoras, incorretas e muitos outros adjetivos negativos. O que a palavra ambição lhe sugere? Você já parou para pensar sobre quais são suas ambições?

Em geral, a palavra ambição nos remete ao masculino, mas nós, mulheres, também temos muitas ambições, só que as chamamos de SONHOS. Qual é a diferença? Segundo o dicionário Michaelis, a ambição pode ser definida como o "desejo de atingir um objetivo específico; anseio, aspiração, determinação, pretensão". Já a palavra sonho pode ser definida como "coisa, plano ou desejo sem fundamento, utópico; fantasia, utopia".

Consegue ver a diferença? A ambição é específica, o sonho é um desejo sem fundamento. A ambição é determinação, o sonho é utópico. Ter clareza das nossas ambições, metas, objetivos ou sonhos — se você assim quiser chamar — é o que nos coloca mais perto de conquistá-los.

De hoje em diante, pense nos seus sonhos como ambições. Mulheres que lucram são ambiciosas!

Não tenha vergonha de ser honesta consigo mesma.

Existem ambições morais e ambições financeiras.

Quais são suas ambições morais?

Ter filhos, casar, divorciar, assumir relacionamentos socialmente rejeitados, ser eternamente solteira, curtir a vida sem filtros, ser herdeira, ser religiosa, ter um belo emprego, ter uma carreira promissora, não ter emprego e não ter uma carreira promissora. Bancar alguém, ser bancada por alguém. Ficar com alguém muito mais jovem. Ficar com alguém muito mais velho. Não ficar com ninguém. Enfim, ambições morais são seus reais desejos.

Escreva suas ambições morais:

Quais são suas ambições financeiras?

Viajar todos os meses ou anos. Ter casa na praia. Sítio. Fazenda. Casa de campo. Carro, qual? Casa, onde? Faculdade. Pós-graduação. Cartão de crédito ilimitado. Não ter casa, morar de aluguel. Andar de aplicativo de transporte. Ter um motorista particular. Ser independente. Ser dependente.

Vamos ser práticas:

Quanto você precisa fazer de dinheiro na vida, ou mensalmente, para não depender de ninguém e levar a vida que você sonha?

Faço essa pergunta nos planejamentos financeiros para homens e mulheres. As mulheres são tímidas nas ambições financeiras e bem ousadas nas ambições morais. Já os homens costumam ser bem mais agressivos nas ambições financeiras e respondem sobre cifras em média cinco vezes maiores que as nossas. Tudo bem que você ache suficiente ter R$ 5.000,00 por mês para resolver sua vida. Mas é isso mesmo? Ou, na verdade, você sonha com R$ 50.000,00 por mês, mas tem medo até de pensar sobre quanto seus sonhos são grandes e desafiadores, e o melhor seria depender de alguém para bancar essa vida... Não é pecado a mulher fazer muito dinheiro. Não é pecado pensar grande. Não é pecado construir seu legado.

Portanto, seja honesta e escreva: quanto você quer e precisa fazer de dinheiro por mês para exercer suas ambições financeiras sem depender de ninguém?

Mulheres que não lucram são inseguras e transferem a responsabilidade de si mesmas para outros.	**Mulheres que lucram sabem que são inseguras, mas driblam essa característica com capacitação e conhecimento.**

Nos relacionamentos, é muito importante saber como a outra parte lida com o dinheiro, quais são suas crenças em relação a consumo, trabalho, poupança e investimentos. E essas conversas não precisam de um momento solene. Vocês podem conversar sobre quanto estão guardando para emergências, pedir conselhos sobre a negociação de um aumento, revelar sonhos futuros, como viagens ou compra de um imóvel, e também serem honestos sobre quanto cada um está disposto a gastar nas noites de encontros. A situação fica mais leve para ambos.

Saber a situação financeira da outra parte e sua relação com o dinheiro não serve para fazer prejulgamentos, mas sim para compartilhar intimidade, valores e planos. A única coisa que realmente importa aqui é o respeito. Então, se você acha que seu(sua) parceiro(a) está desrespeitando sua opinião ou sua jornada financeira individual, essa pode não ser uma boa pessoa para compartilhar seu caminhar. Um relacionamento saudável é construído com valores compartilhados.

Levando a sério um ao outro (e o dinheiro)

Quando as coisas começam a ficar mais sérias em um relacionamento, é hora de ir um pouco mais fundo. Então você deve perguntar tudo aquilo que suscitar alguma dúvida e compartilhar sobre você também.

Algumas informações importantes de serem divididas:

Vocês têm ideia de tudo que ganham e tudo que gastam?	**Com o que vocês acham que vale realmente a pena economizar? E com que gastar?**
Quais são seus sonhos para o futuro? Querem comprar uma casa daqui a alguns anos? Com o que vocês sonham para quando se aposentarem?	**Vocês têm dívidas? Quais e como pretendem pagá-las?**
Como seus pais lidam com dinheiro?	**Quais são seus planos em curto prazo? Mudança de emprego? Construção de um fundo de emergência?**

Discutir esses assuntos vai ajudar a entender as razões pelas quais a outra pessoa faz determinadas escolhas financeiras hoje, e tornará possível que ambas as ambições e planos sejam sincronizados no futuro.

Um relacionamento construído com base na confiança e na abertura em torno do assunto dinheiro tem muito mais chance de prosperar!

O que fazer quando as visões são distintas?

É comum uma pessoa buscar a própria educação financeira e não conseguir convencer a outra a seguir o mesmo caminho. A origem desse problema está na visão de mundo que cada um carrega. Cada pessoa tem uma coleção diferente de experiências que formam sua bagagem. No meio de uma multidão, não existem duas pessoas iguais, pois cada uma carrega dentro de si uma infinidade de experiências, observações, informações e conhecimentos.

Por mais óbvio que possa parecer, muitos não acreditam nas ideias de que não podemos gastar tudo que ganhamos, que devemos guardar um pouco para o futuro, que devemos acumular patrimônio e não dívidas, ter prudência, ter reservas e que devemos ser organizados financeiramente. Essas pessoas têm várias crenças, motivos, desculpas e lembranças que justificam a maneira como enxergam a realidade. Então, a única coisa que podemos fazer é apontar caminhos e dar bons exemplos.

Como cada um acaba enxergando o mundo de uma maneira totalmente diferente da do outro, é preciso ter muita paciência para entender que nem todos estão preparados para uma mudança de mentalidade. Entretanto, por meio dos bons exemplos é possível despertar o interesse real por mudanças. Principalmente nos momentos de crise, quando as consequências dessa visão de mundo vêm à tona. Esse é o melhor momento para fazer reflexões e reavaliar crenças e valores.

> **Mas atenção!** Se a pessoa está sempre devendo e com problemas financeiros, e você constantemente evita que ela colha as consequências dessa visão de mundo, você está atrapalhando seu processo de aprendizagem.

Aprenda a dizer "não". Isso é fundamental em todas as relações.

A liberdade de dizer "não"

Avaliar a compatibilidade dos parceiros sobre valores, objetivos de vida, níveis éticos e morais é a função do namoro. E vamos concordar que acabar um namoro é bem mais fácil que acabar um casamento. Acontece que é muito difícil constituir uma família com alguém que tem uma relação desequilibrada com o dinheiro.

Esse desequilíbrio pode se manifestar em dois extremos. Alguns poupam como se fossem eternos, e outros gastam como se fossem morrer amanhã. Ambos são fontes de problemas, então é preciso ter consciência sobre a necessidade do equilíbrio — não só nas relações com o dinheiro, mas em todas as áreas da vida.

Mulheres que não lucram perdem tempo em relacionamentos ruins.	Mulheres que lucram só aceitam relações com objetivos convergentes.

Não conversar sobre dinheiro pode até adiar os problemas, mas não vai resolvê-los. Com o passar do tempo, os atritos se acumulam, até explodirem. Claro que, enquanto existir fluxo de dinheiro, é bem provável que nada aconteça. Mas quando o dinheiro acaba ou ocorre qualquer desequilíbrio financeiro, aí já viu... A questão vem à tona com força e o relacionamento balança.

É por isso que o casamento civil é um contrato, como o contrato assinado por dois sócios. Ele tem muito mais relação com o dinheiro do que as pessoas imaginam.

É nesse acordo que o regime de bens é definido. E muitas mulheres nem sabem em qual regime se casaram. Se esse for o seu caso, sugiro checar sua certidão de casamento agora.

Conte-me aqui qual é o seu regime de casamento:

Qual é o regime de casamento ideal para construir liberdade financeira?

Apesar de ser a intenção de quem se casa e principalmente de nós, mulheres, que costumamos romantizar mais a relação, faz muito tempo que o casamento deixou de ser uma união para sempre ou "até que a morte nos separe". Segundo o IBGE, quase dois em cada três casamentos acabam em divórcio no Brasil. Seja pelo aumento da expectativa de vida, seja pela simplificação das regras para o divórcio, o fato é que atualmente a tendência é ter mais de um relacionamento ao longo da vida.

O casamento tem um aspecto contratual/patrimonial que costuma ser ignorado por quem se encontra apaixonado. Assim, diferentemente do que acontece no mundo corporativo, em que todos os detalhes são discutidos e analisados antes da assinatura de qualquer contrato, no casamento essa discussão fica para o final, ou seja, para o momento do divórcio. E nesse momento os ânimos normalmente estão exaltados e não faltam exemplos de tentativas de burlar o direito do outro. Tem aqueles que transferem os bens para o nome de terceiros ou os que adquirem todos os bens, inclusive a residência familiar, em nome da empresa, que, dependendo do regime de bens, não entra na divisão.

Infelizmente é muito comum que as pessoas tentem compensar a dor do término com uma agressão ao patrimônio — é o que a lei Maria da Penha chama de violência patrimonial. Por isso os advogados aconselham a pensar no patrimônio antes do matrimônio.

Assim, antes do casamento, o recomendável é que o casal ou cada um, separadamente, busque informações sobre a melhor forma de tratar o aspecto patrimonial do seu relacionamento. Pode não parecer muito romântico, mas tem o potencial de evitar muitos aborrecimentos se houver o divórcio.

Em muitas situações, o melhor mesmo é buscar essa orientação ainda durante o namoro, já que a relação pode evoluir para uma união estável sem que o casal se dê conta. Nesse caso, mesmo quem nunca sonhou em subir ao altar pode se ver envolvido em uma disputa judicial pelo patrimônio adquirido na constância da relação.

Conhecer as regras dos regimes de bens deveria ser o primeiro passo para quem está pensando em juntar as escovas de dente.

Planejar e discutir antes de assinar!

Nossa legislação prevê quatro regimes de bens para o casamento:

Comunhão parcial	**Comunhão universal**
Separação de bens	**Participação final nos aquestos**

Comunhão parcial é o regime padrão desde 1977. Regime padrão, na prática, significa que, se o casal não escolher outro regime, prevalece o que é determinado pela lei, que é a comunhão parcial. Tanto no casamento quanto na união estável é assim; se não escolher outro regime, aplica-se a comunhão parcial, pois não existe casamento ou mesmo união estável sem regime de bens.

O que é meu é meu, o que é seu é seu, e o que é nosso é metade de cada um.

Em tese, suas regras são relativamente simples, vai haver partilha somente do que for adquirido onerosamente (compra e venda) durante o casamento, não importando quem pagou ou se um pagou mais que o outro, tudo deve ser partilhado de forma igualitária. Os bens que cada um já possuía antes do casamento, ou os bens recebidos por herança ou doação, não entram na partilha.

Esse regime pode ser considerado ideal por quem se casa jovem e sem patrimônio significativo, pois parte do princípio de que todo patrimônio constituído durante o casamento é fruto da participação e esforço de ambos.

Mas mesmo parecendo correto, é comum um dos ex-cônjuges alegar que contribuiu mais que o outro e se sentir injustiçado, até mesmo utilizar esse argumento para pressionar e/ou chantagear o outro para desistir do seu direito (violência patrimonial). Um exemplo recorrente é quando o homem trabalha e a mulher cuida da casa e dos filhos. Nesse caso, como a contribuição financeira é somente dele, é comum achar injusto dividir igualitariamente, mas é o que determina a regra da comunhão parcial.

Muitos consideram uma desvantagem da comunhão parcial de bens a exigência de autorização do cônjuge para vender um imóvel, mesmo que comprado antes do casamento. Além disso, deve-se atentar para as regras sobre os investimentos, já que os rendimentos dos bens individuais também são divididos. Por exemplo, se a mulher tem um apartamento comprado antes do casamento ou recebido por herança, o rendimento do aluguel é dos dois. Se ela investiu em ações antes do casamento, o papel é dela, mas se houver proventos, tem que dividir.

Já o regime de **separação de bens** é aquele no qual patrimônio e matrimônio não se misturam. O que cada um adquiriu antes ou durante o casamento pertence somente a ele, que administra e pode vender livremente, assim como prestar fiança ou aval sem necessidade de autorização.

O que é meu é meu, o que é seu é seu.

Esse é o regime que traz menos transtornos na hora do divórcio, já que, em tese, não existem bens a partilhar. Costuma ser escolhido por aqueles que querem evitar que os riscos do negócio do outro interfiram no seu patrimônio, ou que precisam de mais liberdade para seus negócios, já que nesse regime não há necessidade de autorização do cônjuge para a venda de um imóvel, de uma empresa ou para prestar fiança ou aval.

É interessante, pois o casal pode, ao longo da relação, definir de forma mais justa qual o percentual de participação no bem que decidirem comprar juntos, em vez da imposição legal de ser metade para cada um. Funciona muito bem para casais jovens e empreendedores, que têm consciência de que o casamento pode não durar a vida inteira, mas nem por isso dispensam a vida a dois.

Mesmo não havendo partilha, há situações em que a discussão patrimonial prolonga um processo de divórcio na Justiça. Por exemplo, quando um dos cônjuges investe no imóvel do outro, tem que provar esse investimento de forma clara e inequívoca com documentos, sob pena de perdê-lo se não contar com o reconhecimento e boa vontade do outro.

O regime de separação de bens também pode ser considerado injusto quando um dos dois abre mão da carreira em prol da carreira do outro, como é o caso dos jogadores de futebol, em que as mulheres muitas vezes não conseguem se estabelecer profissionalmente por terem de acompanhar o marido para outro estado ou país, cada vez que muda de time. Também pode não beneficiar as mulheres que colocam sua carreira em segundo plano para se dedicar à criação e educação dos filhos, pois, em caso de divórcio, elas não terão patrimônio.

Porém, atenção, serve apenas para separação em vida. Em caso de uma separação por morte, o cônjuge vivo passa a ser herdeiro e tem direito ao que lhe convém por lei, exceto ao que estiver predeterminado num testamento.

Já o regime de **comunhão universal** é o oposto da separação de bens. Na comunhão universal, todos os bens se comunicam, não importa se foram adquiridos antes ou durante o casamento, se foi por herança ou doação. Na hora do divórcio, fica metade para cada um.

O que é meu é nosso, e o que é seu é nosso.

Esse regime era o padrão até 1977, quando foi aprovado o divórcio no Brasil, mas caiu em desuso, principalmente por se considerar que os bens adquiridos antes do casamento não são fruto do esforço comum.

Em 2003, foi instituído mais um regime de bens na nossa legislação. Trata-se do regime de **participação final nos aquestos**. Costuma-se dizer que esse regime é uma mistura do regime de separação de bens com o regime da comunhão parcial. Isso porque cada um tem o seu patrimônio durante o casamento, podendo vender inclusive os imóveis – desde que autorizado no pacto antenupcial – sem a autorização do outro. Mas, no momento do divórcio, tem que ser apurado o que cada um dos cônjuges constituiu durante o casamento (os chamados aquestos) e fazer a divisão por meio da participação de um no patrimônio constituído pelo outro. Mas esse regime não caiu no gosto dos casais nem dos advogados, pois as regras são complexas e a apuração dos bens para partilha é trabalhosa e pode ser muito custosa se houver litígio.

Uma possibilidade quase desconhecida pela maioria dos casais é o chamado **regime próprio**, que é a permissão que existe na lei para o casal criar um regime de bens com regras próprias ou mesclar as regras dos regimes definidos na lei. Pode-se estabelecer, por exemplo, um regime de separação de bens, mas que o imóvel residencial, quando adquirido, será partilhado entre os dois. Pode-se adotar o regime de comunhão parcial, mas prever que a empresa não entra na partilha.

Outra permissão legal que existe desde 2003, mas que também é desconhecida por muitos, é a **alteração do regime de bens** durante o casamento. Se o casal percebe, por exemplo, que o regime de comunhão parcial não é o mais adequado para ele, mas sim o de separação de bens, deve procurar um advogado para ingressar com o pedido de alteração. Esse pedido tem que ser feito pelos dois e precisa ter um motivo que será analisado pelo juiz. Até a alteração, valerão as regras do regime inicial, e depois da alteração, as regras do regime escolhido. Apesar de ser possível a alteração do regime após o casamento, isso é bem mais custoso e trabalhoso do que tratar do patrimônio antes da união.

Sobre a união estável

Todos esses regimes descritos anteriormente podem ser adotados por quem vive em união estável, por meio de um contrato. No entanto, na grande maioria dos casos, o problema é saber se o relacionamento é namoro ou união estável.

A dificuldade está na subjetividade da lei, que considera união estável um relacionamento "público, duradouro, contínuo e com objetivo de constituição de família". Ou seja, não há um prazo mínimo de relação, nem a necessidade de o casal ter filhos ou de morar sob o mesmo teto. Então, em tempos em que os namorados passam dias no apartamento do outro, viajam juntos, a linha divisória entre namoro e união estável fica cada vez mais tênue. Assim, se o casal não define, o Judiciário é que fará isso — nesse caso, se o relacionamento for reconhecido como união estável, é aplicado automaticamente o regime de comunhão parcial.

Para afastar as regras de união estável, muitos optam por fazer o famoso contrato de namoro. Entretanto, esse contrato não tem força para derrubar a união estável, se esta já estiver configurada. Assim, se a relação se estabelecer como família, com o casal vivendo como se fossem casados, o contrato de namoro é inválido e se aplica o regime de comunhão parcial de bens.

Capítulo 3

Casamento não é garantia de nada!

"A mulher tem que saber a hora exata de sair de cena. Mesmo que essa hora seja muito dolorosa."
Coco Chanel

Os brasileiros estão casando menos, não mais tão jovens, e os enlaces duram cada vez menos. Estão também se divorciando mais e compartilhando de maneira mais frequente a guarda dos filhos, como mostra a pesquisa Estatísticas do Registro Civil, divulgada pelo IBGE em 2019.

Isso quer dizer que metade dos "contos de fada" acaba. E, muitas vezes, acaba abruptamente, em uma mensagem de WhatsApp, ou simplesmente pelo distanciamento das visões de mundo.

Mulheres que não lucram acham que beleza exterior e juventude duram para sempre.	**Mulheres que lucram sabem que precisam estudar, pois têm consciência de que a beleza passa, e os amores vêm e vão.**

Os homens preparam-se para a separação, em média, dois anos antes do anúncio às suas esposas. Dessa forma, elas ficam com a parte do patrimônio que eles planejaram compartilhar com elas, não com o que teriam direito de fato.

Já a guarda compartilhada dos filhos hoje é a regra. Trata-se da responsabilidade conjunta em tudo o que diz respeito aos direitos e deveres da criança e do adolescente. Nesse caso, o menor tem uma residência (quase sempre a materna), e a parte que não prover a residência poderá visitar o filho nos períodos acordados judicialmente, ou quando quiser (se ambos decidirem assim).

A guarda é compartilhada, mas sabemos bem com quem, na imensa maioria das vezes, fica a responsabilidade do dia a dia: com a mãe.

Mas como é possível cuidar dos filhos, da família, se dedicar a um projeto pessoal, ter algumas horas de sono (não muitas, porque você tem filhos) e ainda ter independência financeira? É isso que aprendi e que você também pode aprender.

Mas antes, só para fechar nosso cenário desafiador e por vezes injusto, o que você acha que as mulheres recebem em troca por passarem a vida cuidando de tudo e de todos (menos delas mesmas)? O resultado é péssimo. A estatística mostra que de quatro mulheres, três serão pobres na velhice. Além de viverem em média sete anos mais que os homens, segundo pesquisas, 74% delas morrem sozinhas, e oito em cada dez mulheres em algum momento da vida terão, invariavelmente, que cuidar do seu dinheiro e não saberão como fazer.

No mundo, 75% dos idosos que vivem na pobreza são mulheres. E a maioria dessas mulheres não era pobre quando seus maridos estavam vivos. Ou seja, muitas mulheres tornam-se viúvas e precisam se sustentar sozinhas por muitos anos. Mas como?

Capítulo 4
Infidelidade financeira

Toda mulher precisa de três coisas: um bom advogado, uma boa carteira de investimentos e um belo vestido preto. O resto ela administra.

Existem muitos tipos de traição no casamento, e um deles é a traição financeira.

A infidelidade financeira assombra quase 60% dos casais. Então, se você é mulher e não cuida do seu dinheiro, não se envolve nos negócios do casal e da família, corre alto risco de se dar mal.

Por isso, observe tudo. Leia com atenção o que lhe apresentarem para assinar.

Claro que não estou falando para você duvidar do seu marido, mas muitas mulheres têm medo que o homem pense que são interesseiras e, por isso, deixam o assunto dinheiro de lado.

Bobagem. A partir de agora, você ficará interessada!

Suponhamos que você não seja casada, não tenha filhos nem namorado. Pois saiba que até mesmo se você for uma herdeira desinteressada provavelmente não vai sobrar nada para você, com a expectativa de vida beirando os 100 anos.

Você já parou para pensar na possibilidade de estar sendo traída financeiramente pelo seu cônjuge? Alguns psicólogos argumentam que a infidelidade financeira gera mais sofrimento que a infidelidade sexual. A falta de diálogo sobre dinheiro pode acabar em divórcio. Não tenho dúvida de que a falta de educação financeira contribuiu para o crescimento de 160% no número de divórcios no Brasil na última década. Dados da pesquisa Estatísticas do Registro Civil, do IBGE, indicam que tivemos mais de 300 mil divórcios registrados apenas em 2019, número similar ao observado nos anos anteriores.

Uma pesquisa feita pelo Princeton Survey Research Associates International, nos Estados Unidos, apurou que uma em cada 20 pessoas casadas admite ter ou já ter tido conta corrente, poupança ou até cartão de crédito escondido do(a) parceiro(a). No Brasil, os números não devem ser muito diferentes. Não faltam casos de esposas que não sabem quanto o marido ganha, de maridos que não fazem ideia de como a esposa gasta todo o salário, de casais que omitem despesas, compras e até mentem sobre os valores de determinados produtos adquiridos. Você também já deve ter ouvido muitas histórias entre amigos e parentes sobre esse tipo de traição, como a famosa brincadeira de tirar os produtos das sacolas para o marido não ver as compras que a esposa fez.

Poupar escondido e a economia extrema

Quando o casal tem visões diferentes sobre as finanças, acaba entrando em conflito diante de decisões sobre consumo, dívidas, poupança e investimentos. As brigas acontecem até mesmo quando uma parte é mais conservadora e a outra mais arrojada nos investimentos. Por isso é importante haver união até no momento de buscar mais educação financeira. Se somente um deles for beneficiado com o conhecimento, a relação acaba ficando desequilibrada.

Nos relacionamentos, é comum um ser mais econômico e o outro mais consumista. As mulheres têm essa fama (e disso também iremos falar). Aquele que pensa no futuro pode tentar guardar uma parte das economias para evitar que o outro gaste com supérfluos. Fazer poupança e investimentos secretos pode ser uma decisão extrema para construir algum patrimônio no longo prazo.

Por outro lado, a economia exagerada também é muito ruim. Deve ser muito chato viver ao lado de alguém que sempre critica você. Muitas vezes, R$ 50,00 a mais ou a menos na conta de luz é insignificante diante do transtorno e brigas no relacionamento. Os exageros são sempre prejudiciais, assim como a falta de diálogo. Então, como se organizar?

Garanta um nível de independência

Em uma pesquisa feita com homens e mulheres casados na Grã-Bretanha, 59% das esposas disseram que se divorciariam imediatamente se sua segurança econômica estivesse garantida. Uau! Isso quer dizer que quase 60% das mulheres sairiam do casamento se tivessem dinheiro. Um estudo semelhante foi feito na Suécia, onde 37% das mulheres afirmaram que se divorciariam se conseguissem cuidar de si mesmas. Você também se divorciaria se não dependesse financeiramente do(a) parceiro(a)? Mais do que se perguntar se você é feliz na sua relação, é urgente se tornar independente!

> **Mulheres que não lucram têm medo de se separar.**

> **Mulheres que lucram sabem que podem ir embora a qualquer momento.**

Muita confusão é feita com a palavra independência. O que é ser independente?

No dicionário é:

1. estado, condição, caráter do que ou de quem goza de autonomia, de liberdade com relação a alguém ou algo.
2. caráter daquilo ou daquele que não se deixa influenciar, que é imparcial; imparcialidade.
3. caráter daquilo ou de quem não adota ideias preestabelecidas, não segue as regras e os usos correntes.
4. ausência de relação, de subordinação.
5. autonomia política; soberania nacional; libertação.
6. boa condição material; bem-estar, prosperidade.

> **Na vida, independência é ter liberdade de escolha.**

Somente a liberdade emocional e financeira dá à mulher, ou a quem quer que seja, ampla autonomia de poder de decisão. Escolhas inteligentes são as que deixam você mais próxima da vida que quer levar. Independência é ter sob seu domínio seu maior ativo: o tempo. Dinheiro é apenas um meio de viver ou de comprar tempo. Sim, você pode comprar tempo com dinheiro, pagando para que façam tarefas de que você não gosta — assim você pode aproveitar seus momentos para usufruir como bem entender, mas não confunda independência financeira com fluxo de caixa recorrente.

Se você tem boas receitas advindas do fruto do seu trabalho, saiba que terá liberdade financeira apenas se reservar parte dos recursos e investir corretamente. A independência financeira é conquistada somente quando você não precisa mais vender seu tempo para manter a vida que quer levar. Portanto, cuidado: fluxo de caixa pode dar independência temporária, mas somente investimentos em ativos que gerem renda garantem liberdade no futuro. Ao longo do tempo perdemos capital humano, e nossas finanças precisam ser conciliadas com nossas expectativas. Podemos escolher enquanto temos dinheiro.

Claro que algumas escolhas são extremamente pessoais, então é muito desagradável ter que dar esclarecimentos sobre tudo que você gasta para sua esposa ou marido. Por isso é muito importante que os dois estabeleçam uma faixa de liberdade para gastar, sem pedir a opinião do outro.

Muitos casais afirmam não se importar com as pequenas despesas realizadas pelo cônjuge. É claro que esses limites dependem da renda e da realidade de cada casal, não existe um valor padrão. O ideal é que o casal entre em acordo, para que um não precise pedir autorização para o outro no momento de fazer pequenas despesas do dia a dia. Essa rigidez em prestar contas pode se transformar em fonte de chateação e transtorno que vão se acumulando ao longo do tempo.

Quando um dos lados é o único que tem renda (marido ou esposa), é importante estabelecer algum tipo de "mesada" para que a outra parte possa ter liberdade para comprar o que precisa, sem pedir autorização.

Se o casal está enfrentando um problema financeiro grave, os dois devem iniciar um controle rígido de todos os gastos, incluindo os menores e mais inocentes. Se não existem problemas financeiros, o ideal é que os dois estipulem um valor mensal para que cada um faça seus pequenos gastos sem o conhecimento ou a autorização do outro.

Para despesas ou compras acima de um determinado limite (que o casal pode estabelecer), pode ficar acordado que a decisão será conjunta. Ninguém gostaria de saber que o parceiro ou a parceira trocou de carro sem conversar previamente sobre o assunto. Isso também pode valer no momento de trocar móveis, eletrodomésticos ou qualquer outro bem durável de valor elevado.

Individualismo financeiro

Muitos casais jovens estão adotando o individualismo financeiro depois de casados. Normalmente os dois estão empregados, ambos têm uma carreira e, por isso, existe uma grande independência financeira (um não depende do outro para se manter). Mesmo no individualismo é importante que os dois tenham projetos comuns. Deve-se chegar a um acordo sobre os objetivos financeiros para o futuro, para que ambos possam colaborar para atingi-los. Com certeza, os resultados serão melhores.

Mas mesmo dessa forma é interessante que cada um tenha sua própria reserva para uma emergência (para o caso de uma demissão, por exemplo), para que não existam constrangimentos e atritos diante da perda de renda de um dos lados.

Administrando as contas bancárias

São estas as possíveis contas bancárias:

Conta bancária conjunta	Conta bancária individual

Na **conta bancária conjunta**, o principal é que ambos saibam manter controle sobre ela e cada um tenha uma mesada para fazer o que bem entender. Isso fará bem para a saúde das suas finanças e para o seu casamento.

Já na **conta bancária individual**, cada um cuida das suas entradas e despesas. O planejamento financeiro nessa opção pode ser mais bem organizado.

Eu recomendo que, sempre que possível, você e seu par utilizem os **bancos digitais**, que são excelentes alternativas para quem quer economizar em taxas e tarifas, um desperdício comum em muitos orçamentos.

Como organizar os gastos

Alguns casais optam por dividir as contas da casa. Por exemplo, um paga o condomínio e o plano de saúde, o outro paga o colégio do filho e as compras no supermercado. Se você acha que essa separação pode gerar algum atrito, é possível fazer diferente. Você pode abrir uma conta bancária conjunta para juntar o dinheiro que será utilizado para despesas da casa. Cada um tem sua própria conta bancária, mas todos os meses ambos transferem um percentual do salário para as despesas conjuntas, que serão pagas com o dinheiro depositado nessa "conta da casa".

Isso também vale para os investimentos. Você já deve ter percebido que existem investimentos com taxas melhores quando você tem um volume maior para investir. Logo, vocês podem fazer alguns investimentos juntos, desde que você mantenha uma parte dos seus recursos investida individualmente, como a reserva de emergência. Eu gosto de chamar a reserva de emergência de mala pronta. O casamento não deu certo? A mala está pronta para garantir autonomia e liberdade para você tomar as decisões que irão lhe trazer felicidade.

Não existe uma regra que possa ser aplicada a todas as famílias. O ideal é que não haja nenhum constrangimento no momento de conversar sobre dinheiro. Se tem alguma vergonha, isso é sinal de que existe algo que precisa ficar claro entre os dois. Conversar abertamente é o melhor caminho.

Mentir, esconder e omitir nunca são boas soluções.

Vamos começar?

Compartilhe a sua situação financeira atual. Quanto cada um ganha, quanto já economizaram, investiram, se possuem alguma dívida, que tipos de apólice de seguro vocês têm, quais são suas pontuações de crédito e coisas assim. Pode ser útil reunir todos os extratos da sua conta individual e examiná-los juntos. E, por favor, antes de se sentirem expostos ou temerem julgar ou serem julgados, entendam que isso serve para ambos entenderem onde estão hoje, para que possam avançar juntos. Trata-se de uma parceria que será construída rumo a um futuro financeiro ainda melhor.

Claro que haverá pontos em que suas abordagens não vão se alinhar. Então, o importante é você entender o suficiente para conseguir detectar caso o outro faça alguma escolha que afetará suas finanças conjuntas, ou confiar no conhecimento do outro sobre suas decisões financeiras.

Quais são seus objetivos de curto prazo, juntos e separadamente?

Talvez vocês queiram criar um fundo de emergência juntos ou economizar para uma grande viagem no próximo ano. Talvez só um dos dois precise gastar dinheiro para pagar o cartão de crédito.

Quais de suas despesas vocês realmente vão dividir? O que é razoável gastar em lazer? Talvez você só compartilhe as despesas que pertencem a vocês dois, como aluguel e compras, enquanto pagamentos como conta de telefone celular, academia etc. são pagos individualmente. Outra opção é juntar todas as despesas e dividir igualmente por dois.

Que tipos de compras são necessidades e quais são os desejos? Essa, provavelmente, será a parte mais delicada da conversa.

Vale lembrar que vocês sempre podem encontrar um meio-termo, uma solução personalizada que atenda às necessidades e individualidades do casal.

A seguir, um exemplo de método para dividir as despesas:

> Mantenha suas contas bancárias individuais, mas também abra uma conta-corrente em conjunto. Você usará a conta conjunta para pagar as despesas compartilhadas. Adicione suas rendas individuais para obter a renda familiar total. Em seguida, calcule a porcentagem desse total que cada parceiro faz. Por exemplo, se você ganha R$ 6 mil e o seu marido R$ 4 mil, juntos a renda da família é de R$ 10 mil, certo? Desse total, você é responsável por 60% da renda, e ele por 40% da renda total da família.

Simplifiquei e deixei aqui, por meio deste QR Code, uma calculadora para você aplicar o método de divisão das despesas com base nos salários de cada um.

Essa divisão também pode levar em conta alguns fatores, os chamados privilégios. As mulheres enfrentam diferenças de preços (como o Imposto Rosa, que será mencionado adiante) e diferença salarial. Portanto, se uma mulher estiver em um relacionamento com um homem cis, R$ 1,00 do seu dinheiro gasto não chegará a R$ 1,00 dele. Isso sem contar as disparidades raciais nos salários e questões como as de pessoas com deficiência, que enfrentam grandes gastos financeiros em cuidados com a saúde etc.

Nesses casos, você pode ajustar a porcentagem de cada um levando em conta fatores específicos do casal.

O Departamento de Assuntos do Consumidor da cidade de Nova York descobriu que, em média, os produtos femininos custam 7% mais que os masculinos. Portanto, você pode subtrair 3,5% da sua parte das contas e seu parceiro pode adicionar 3,5% à porcentagem dele (para adicionar uma diferença total de 7%).

São várias as razões pelas quais uma pessoa pode ganhar mais dinheiro que a outra, como idade e anos de experiência ou o setor da economia em que atua. Mas mesmo em funções semelhantes ainda existe uma diferença salarial entre homens e mulheres. Não há uma maneira perfeita de dividir as despesas para contabilizar os impostos cor-de-rosa e outras diferenças de preços, mas há alguns ajustes que você pode fazer.

Independentemente de como decidirem fazer isso, o mais importante é que funcione para o casal e fique claro qual dinheiro é compartilhado, quanto está entrando, quanto está saindo e quais são suas metas e valores compartilhados (e quais não são).

Uma pequena fábula verdadeira de Sally Krawcheck — planejadora financeira americana, CEO e cofundadora da Ellevest:

"Então... eu estava apaixonada. Eu era jovem. Nós estávamos... apaixonados, e nos casamos, e éramos jovens! Ele administrou o dinheiro porque era isso que as boas moças fazem pelos seus maridos e pela sua família. Portanto, a lição que aprendi é: cuide do seu próprio dinheiro. Nós, mulheres, vivemos mais do que os homens. Metade dos casamentos termina em divórcio. Isso significa que a maioria de nós — a grande maioria — morre solteira. Portanto, é muito inteligente fazer o seu dinheiro com uma certa idade, independentemente de quanto você esteja apaixonada..."

Eu sou totalmente a favor do casamento e da família. Mas aprendi que casamento é um conjunto de esforços convergentes. Ao longo do tempo as pessoas mudam, e isso é bom. Não existe casamento perfeito. Não existe mulher perfeita nem homem perfeito. A palavra "perfeito" vem do latim *perfectum,* que significa "feito por completo". Portanto, perfeito é feito por inteiro, feito por completo, acabado. Só o que está morto não é passível de mudança. E o bom da vida é que sempre podemos mudar. O que ocorre é que, muitas vezes, mudamos para a direção oposta à do(a) nosso(a) parceiro(a), e os objetivos passam a ser divergentes. Aí pode ser a hora de mudar de parceiro(a).

> **Mulheres que não lucram se conformam.**

> **Mulheres que lucram não têm medo de recomeçar.**

Sobre recomeços

Separação nunca é fácil. É triste, é o fim de um sonho, fim de uma idealização.

Nas minhas separações, eu sempre procurei deixar meu ego numa "caixinha". Tentei colocar o bem-estar das crianças acima de tudo. Abrimos mão de muitas coisas quando pensamos assim e ganhamos coisas que o dinheiro não pode comprar, como a paz, por exemplo.

Meu conselho é: tente sempre um acordo. Sempre. Não aja com emoção. Não tente punir o outro pela sua dor, pelas frustrações e decisões equivocadas. As escolhas são sempre nossas, ainda que a paixão e o amor nos ceguem e nos induzam a inverter prioridades.

Nunca esqueça que uma mulher independente consegue alcançar o sucesso sozinha.

Suas escolhas definem como você estará no futuro. As pessoas são egoístas por natureza, não espere gratificações ou gratidão, então faça de tudo pelos seus, mas sem se esquecer de você. "A gratidão tem memória curta", já dizia o pensador Benjamin Constant. Mas, por outro lado, é também o maior tesouro dos humildes.

> **Mulheres que não lucram aceitam condições contra seus valores e se conformam.**

> **Mulheres que lucram impõem condições e são ambiciosas.**

Uma nova paixão

Se vale a pena se apaixonar e investir seu tempo e preocupação, que seja nele. Esse cara é sempre generoso e pecaminosamente bom. Ah, grato por você apostar nele.

Você já ouviu falar em Juros Compostos? Esse é o cara!

Nada é para sempre, à exceção dos juros compostos sobre seus investimentos.

Mas vamos do início. O que são **juros**?

> **Juros são a remuneração paga pelo devedor, como compensação ao credor pelo empréstimo de dinheiro.**

Quem empresta está abrindo mão de realizar compras ou fazer outro uso do dinheiro, certo? A recompensa, portanto, vem da promessa de multiplicar o seu patrimônio e receber a mais no futuro. Para que isso seja possível é que existem os juros. Eles atuam como verdadeiros "multiplicadores" do capital.

O juro, então, pode ser compreendido como uma espécie de taxa pelo "aluguel" do dinheiro. O tomador do empréstimo paga pelo direito de usar o dinheiro até o dia do retorno desse valor ao seu dono original. O credor, por outro lado, recebe essa compensação por não poder usar esse dinheiro até o dia do pagamento e também por correr o risco de não receber o dinheiro de volta (risco de inadimplência).

A cobrança de juros pode ser anual, mensal ou até mesmo diária. Para determinar seu valor, são definidas taxas percentuais (taxas de juros) fixadas pelo credor. Essas taxas são calculadas de acordo com alguns fatores, como a inflação em vigor, o que foi acordado no contrato ou o risco do empréstimo para o credor. As taxas de juros podem ser maiores ou menores, numa relação proporcional ao tamanho do risco.

No Brasil, os bancos utilizam uma taxa de referência básica, criada em 1979 pelo Banco Central do Brasil, chamada **Taxa Selic** (Sistema Especial de Liquidação e Custódia).

Entendida essa parte, agora vamos a ele, nosso *boy* magia.

Juros compostos são os famosos "juros sobre juros". Ou seja, a taxa de juros é sempre aplicada ao somatório do capital no final de cada mês, o que faz com que você tenha lucro não só com o dinheiro inicial investido, mas também com os juros que acumular até a data de resgate. É o famoso "fazer seu dinheiro trabalhar por você".

Incrivelmente vantajoso para o investidor, os juros compostos favorecem a multiplicação do patrimônio de maneira mais acelerada.

Mas eles não apenas transformam 100 reais em 110 ao final de um mês: eles fornecem aos investidores um maior incentivo para investir.

Afinal, sem os juros não haveria motivo para a existência dos investimentos, concorda?

Faça algumas simulações com os juros compostos na nossa calculadora:

Como os investimentos ganham dinheiro

Você, com certeza, já ouviu falar que investir, historicamente, é um bom jeito de ganhar mais dinheiro no longo prazo, do que simplesmente economizar. E esse é um excelente objetivo de longo prazo: criar riqueza.

Albert Einstein teria dito, uma vez, que "os juros compostos são uma das maiores forças da humanidade". Independentemente de ele ter dito ou não a frase, o fato é que ela é 100% verdadeira. Quem não entende os juros compostos acaba sendo vítima, e quem entende consegue se beneficiar dessa força.

Para você compreender, vamos imaginar alguém que tivesse aplicado R$ 1 mil no início de 2010 em um título público, o Tesouro IPCA. Vamos ver o que teria acontecido nesses dez anos, apenas considerando o efeito dos juros, que naquela época eram de 6,37% ao ano:

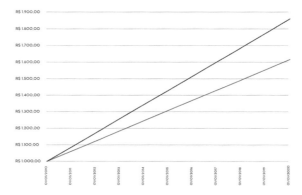

Considerando a taxa de 6,37% ao ano por juros simples, após dez anos teríamos R$ 1.619,13 (linha vermelha) e, por juros compostos, R$ 1.854,35 (linha azul).

Agora, atenção, existe outra força que você não pode desprezar; ela se chama inflação. Considerando que esse título, além dos juros, pagasse também a inflação acumulada nesses dez anos, R$ 1 mil valeriam, no início de 2020, R$ 3.871,25!

Por outro lado, os juros compostos não são vistos com bons olhos pelos devedores. Afinal, em caso de inadimplência, são eles que possibilitam que a dívida cresça em uma velocidade realmente assustadora.

Sim, é por causa dele que uma dívida começa "pequenina" no cartão de crédito e termina por sugar o devedor em um *loop* eterno de cobranças.

Vamos imaginar que alguém tivesse ficado devendo R$ 1 mil em um cheque especial ou no rotativo do cartão de crédito que, na época, cobravam juros de 15% ao mês:

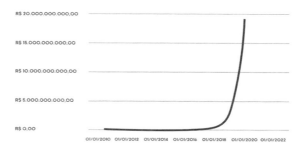

Com os juros compostos, sua dívida de R$ 1 mil se transformaria em R$ 5.350,25 no primeiro ano, R$ 28.625,18 no segundo ano, R$ 153.151,85 no terceiro ano, R$ 819.400,71 no quarto ano, R$ 4.383.998,75 no quinto ano e, finalmente, estaria na incrível soma de R$ 9.219.445.001,93 no décimo ano.

É uma força poderosa ou não é? É por esse motivo que você deve evitar dívidas de toda forma na sua vida!

Usando os juros compostos a seu favor, sua independência estará cada vez mais perto.

Então é hora de se fazer algumas perguntas. Se o dinheiro não fosse problema, o que você faria diferente em relação a:

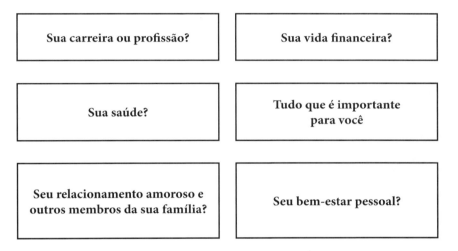

O mais importante é que você diga a verdade. Não procure ser politicamente correta, seja fiel aos seus sentimentos. O meu processo de independência começou na medida em que muitas das respostas para essas perguntas se mostraram diferentes daquilo que eu estava vivendo.

Existem dois tipos de dependência: a emocional e a financeira. A primeira combatemos com um projeto de vida, ambição, terapia e autoconhecimento. Já a segunda é superada como consequência da primeira, mas com uma dose de maior disciplina.

O preço da independência é o autoconhecimento.

E, sim, tem valor monetário. Quanto você precisa ganhar por mês para ter a vida que quer levar?

Você começa a se tornar independente não apenas quando acumula uma quantidade de dinheiro suficiente para não precisar mais trabalhar, mas também a partir do momento em que investe parte do seu tempo em você, em conhecimento, ou seja, naquilo que ninguém consegue tirar de você, e a fazer dinheiro a partir disso. Quando entendemos isso, colocamos um pé dentro da independência.

O outro pé vem a partir do ciclo abaixo:

> **Conquistar, poupar, investir.**

Mas você deve investir corretamente! Usar o máximo do conhecimento disponível (seu, meu e de quem mais entende do assunto) a seu favor.

Parece óbvio, mas me espanta a quantidade de mulheres que ainda não atentaram para a importância de cuidar bem do dinheiro que a duras penas conquistaram.

Quando esse ciclo é assimilado por uma mulher, é só uma questão de tempo para ela fincar os dois pés dentro da liberdade:

Tenha dinheiro suficiente para usar seu tempo como bem entender.

Capítulo 5

Um adendo sobre verdades absolutas

"Muitas pessoas têm uma ideia errada sobre o que constitui a verdadeira felicidade. Ela não é alcançada por meio de gratificação pessoal, mas através da fidelidade de um objetivo que valha a pena."
Hellen Keller

Se independência é felicidade, já que oferece liberdade de escolha, será possível ser independente dentro da carreira de esposa?

Se protagonizar seu lar for o seu objeto de vida, sim!

Mulheres que não lucram julgam escolhas de outras mulheres.	**Mulheres que lucram ajudam outras mulheres a fazerem boas escolhas.**

O que é combinado não é caro. Se você decidiu tomar as rédeas do seu lar ao lado de alguém que valoriza esse trabalho e dedicação, não se envergonhe disso. A emancipação feminina veio para isso, para que sejamos livres para fazer nossas escolhas. Portanto, jamais tenha vergonha de quem você é. Vender seu tempo aos seus é uma missão gloriosa, porém você precisa estar em acordo com seu cônjuge sobre como será remunerada por isso. Transparência e fidelidade financeira são formas de remuneração.

Investimentos e sonhos são planejados e construídos juntos, mas deixe tudo às claras para que seus esforços não sejam sua penitência caso algo falhe. Lembre-se da importância do regime de casamento, de acompanhar as finanças da família, planejar os investimentos etc. Já dizia minha avó: "Só o amor não enche barriga".

Caso não haja tanta transparência, salve um recurso, uma mesada, para que você possa fazer o que bem entender — é uma estratégia tão inteligente quanto interessante. A escravidão acabou faz tempo. Mas se você quer ajudar nas receitas da casa ou ainda acha que pode dar uma boa alavancada no orçamento doméstico, divida as tarefas da casa para que ambos tenham a mesma produtividade e cresçam juntos. Nesse caso, é preciso muita transparência do casal para que a mulher fique segura ao atuar no papel em que de fato se sinta à vontade.

Ah, e claro, respeite a pessoa que está com você. Ser independente não é ter nariz em pé, passar por cima de tudo e de todos. É simplesmente poder escolher. Lembre-se de que nem mesmo a ciência trabalha com verdades absolutas, mas sim com veracidades temporárias e sempre aprimoradas. Seus pensamentos e crenças de hoje podem não ser os mesmos de amanhã. Muitas vezes, mudamos nosso ponto de vista porque evoluímos como pessoa e, quando numa relação apenas um se transforma, é comum surgir um certo grau de desilusão e incerteza. Casamento é uma aliança com objetivos convergentes.

Independência emocional e financeira eleva nosso grau de empatia (colocar-se no lugar do outro). E, logo em seguida, eleva nosso espírito de compaixão, ou seja, o poder de interferir diretamente no problema do outro.

Sob a ótica masculina, lembre-se de que cultural e socialmente o homem foi criado e ensinado por nós, mulheres, de gerações passadas (e ainda algumas mulheres criam seus meninos assim), para ser uma espécie de macho alfa, provedor, garanhão, para ter uma esposa "do lar", mãe e passiva às decisões econômicas da família. Quanta responsabilidade jogada culturalmente nos ombros desses homens. Mudar isso na cabeça das mães educadoras não é uma tarefa fácil. Então, cuidado: vá aos poucos com os homens de hoje, ainda moldados aos costumes antigos. É preciso haver muito diálogo. Pense que há muita pressão nos ombros deles também, e que mudar conceitos e crenças é um processo, não funciona com imposição. Decidimos nos tornar independentes, e um novo ideal de estilo de vida, que não estava nos planos deles, pode gerar dúvidas, insegurança e desentendimentos.

Mulher que lucra questiona

Afinal, o que é ser o melhor pai? Melhor companheiro? Será que não estamos exigindo deles o desempenho de papéis que estão mudando? Eles foram ensinados que devem prover e colocar o sapatinho de Cinderela, que precisam ser desejados por todas. Além disso, no manual de instrução dos meninos, subjetivamente entende-se que eles necessitam ter poder, que a quantidade de dinheiro é que dita as regras, que eles devem se dedicar à carreira e escolher disciplinas mais ligadas às Exatas, e que precisam ser ambiciosos, sob pena de serem fracos e rejeitados por nós, mulheres. Quanta pressão!

Já nós, mulheres, fomos ensinadas a cuidar deles, dos filhos, dos pais, dos outros. Admirar mais o garanhão e o provedor. Ainda temos que ser belas, *sexy* e inteligentes para que nos desejem. Uma escravidão dos estereótipos. Somos reféns dos costumes e das regras.

O que é ser uma boa mãe, uma boa mulher?

O que é verdade nisso tudo que aprendemos? Quanto é pressão cultural? Existe uma verdade absoluta nisso tudo?

Suspeito que não. O que deve existir é diálogo, transparência e empatia.

Minha história me ensinou a não ignorar a liberdade e o poder de escolha. Podemos nos arrumar para nós mesmas para ficar em casa, estar saudáveis para o nosso bem e para viver mais, comprar *lingeries* novas para dormir conosco, usar nossos perfumes favoritos à espera de nada. Desfrutar uma garrafa de vinho e a leitura de um livro, ouvir nossa *playlist* favorita, ver uma série de *streaming* qualquer e rir sozinhas.

Independência é também um estado de espírito de quem gosta de estar consigo mesma. E isso nos prepara emocional e profissionalmente para chegar completas numa relação amistosa, doando ao outro o que temos de melhor em nós mesmas: a nossa companhia.

Mulheres que não lucram não sabem curtir o prazer de estar consigo mesmas.

Mulheres que lucram têm prazer em sua própria companhia.

Parte 2
Mulheres que lucram com a carreira

Capítulo 6

Quanto vale seu tempo?

"Ouse, ouse... ouse tudo!
Não tenha necessidade de nada!
Não tente adequar sua vida a modelos,
nem queira você mesmo
ser um modelo para ninguém.
Acredite: a vida lhe dará poucos presentes.
Se você quer uma vida,
aprenda... a roubá-la!
Lou Salomé

O tempo é nosso maior ativo, nosso principal recurso. O tempo é escasso, ele não volta, é finito. O tempo nos transforma, nos torna melhores. O tempo é poderoso e sábio, ele nos permite tudo quando o usamos com sabedoria. Como você usa o seu tempo? Como você utiliza o seu recurso mais importante?

Você sabe quanto custa o seu tempo?

Se você trabalha, mas esse trabalho consome toda a sua energia, e o salário recebido não paga a vida que você sonha, está na hora de aumentar sua produtividade e vender melhor o seu tempo.

Mulheres que não lucram são eternas sonhadoras.	**Mulheres que lucram colocam metas e prazos para seus sonhos.**

Como calcular a sua hora:

> **Um mês tem em média 22 dias úteis. Se você ganha R$ 5.000,00 e trabalha 8 horas por dia, logo você trabalha 176 horas no mês (22 dias x 8 horas). Logo, sua hora custa: R$ 28,40.**

Saber o valor do seu tempo é algo muito importante. Agora, calcule quanto você gostaria de receber pela sua hora de trabalho.

Nosso objetivo aqui é torná-la independente financeiramente, e isso só é possível se você fizer bons investimentos e usar o tempo a seu favor.

Para investir, obviamente é preciso ter dinheiro. E para fazer dinheiro, temos diversas opções de carreira. Qual é a sua?

Vamos ver como explorar ao máximo suas possibilidades e usar o tempo a favor dos seus sonhos!

Tenho um emprego fixo

Se você tem um emprego, você vende parte do seu tempo para alguém ou para uma empresa. Já quem contrata, decide onde aloca o tempo comprado e, no final do mês, paga um salário por ele. Se essa for sua modalidade, o objetivo maior é entregar resultados para a empresa, certo? Afinal, a empresa está comprando seu tempo e quer usá-lo da forma mais eficiente possível.

Fazer bem-feito tudo a que se comprometeu é o esperado. Fazer além disso é visto com bons olhos, mas o mais importante é ser eficiente e eficaz.

Eficiente é fazer as coisas de forma otimizada, de maneira mais rápida ou com menos gastos.	Eficaz é fazer a tarefa certa, completar atividades e alcançar metas.

Se você se considera eficiente e eficaz, mas fez o cálculo do valor da sua hora e constatou que está ganhando menos do que deveria, é hora de pedir um aumento.

Como pedir um aumento?

Não existe um momento certo para pedir aumento, mas funcionárias eficientes e eficazes sempre podem conseguir melhorias salariais com base em seus resultados. Logo, o primeiro passo para pedir um aumento é fazer uma autocrítica: você tem sido eficiente e eficaz? Tem gerado valor para a empresa, cooperado com o seu time, se abriu para novos desafios e responsabilidades desde que começou nesse emprego? Veja, isso não tem nada a ver com as horas ou volume de trabalho, mas sim com a sua postura e evolução profissional.

Se nessa etapa você perceber que talvez não seja tão eficiente e eficaz, analise os motivos. Se couber a você resolvê-los, trabalhe por isso. Demonstre interesse, proponha soluções para os desafios, coopere com seus colegas de trabalho. Nesse momento é comum também chegarmos à conclusão de que aquele trabalho já não nos inspira, e talvez seja o momento de procurar novos desafios que permitam não apenas ganhar mais, mas ser mais eficiente e eficaz. O dinheiro é só o resultado do que fazemos com seriedade, amor e dedicação.

Seja para pedir um aumento, seja para buscar um novo trabalho, é fundamental que você esteja capacitada. Quando foi a última vez que você fez um novo curso, uma pós-graduação ou aprendeu uma nova habilidade? **Mulheres que lucram não param de aprender!**

Justificativas como falta de tempo ou de dinheiro já não são mais aceitas em um mundo em que milhares de cursos são oferecidos de forma gratuita e on-line. Se você não sabe quais cursos fazer ou quais habilidades precisa desenvolver, pergunte à sua chefe, a uma colega mais experiente, a uma amiga que atua na mesma área. Use e abuse do Google, mas não se limite, não espere que os outros lhe puxem pelo braço para se preparar e ser sua melhor versão. A responsabilidade pelo seu desenvolvimento profissional é única e exclusivamente sua. **Mulheres que lucram se autorresponsabilizam!**

Na negociação de um aumento, mostre como o seu desempenho profissional ajudou no crescimento da empresa. Reúna dados e informações que fortaleçam a sua argumentação. Outra dica valiosa é não definir quanto você quer de aumento na negociação. Esteja aberta a propostas que podem ser melhores ou piores que as suas expectativas. Receba de coração aberto os *feedbacks* (positivos e negativos) e valorize o processo de negociar um aumento salarial. Na nossa evolução, os processos contam tanto quanto os resultados.

Depois de tudo isso, o seu aumento pode ainda não vir. Isso porque a empresa pode estar passando por uma situação financeira desafiadora da qual você não tinha conhecimento. Por isso, procure saber como vai a saúde da companhia antes de criar muita expectativa.

Respeite seus superiores e colegas em todas as funções. Se almejar cargos de liderança (que deve estar sempre em seus planos), lembre-se de que a capacitação é o mais importante. Nem sempre você estará preparada para uma promoção (por mais que queira e precise dela), mas aceite e aprenda todos os dias.

Nós, mulheres, somos muito perfeccionistas, mas às vezes inseguras. Então, aprenda fazendo. Foi assim que consegui conquistar meus espaços, sendo tão metida quanto humilde, errando, mas aprendendo cada vez mais. Na dúvida, sempre prefira pedir perdão do que permissão. É preciso respeitar as regras, mas as quebre caso esteja segura das consequências.

Faça o seu melhor todos os dias.

Sou autônoma

Se você é uma profissional autônoma, você vende seu tempo para os clientes e recebe uma remuneração pelo tempo que dedicou ao trabalho, sem a segurança de que, no mês seguinte, o cliente precise novamente.

Sem a garantia do trabalho, destacar-se e fazer-se necessária é ainda mais urgente.

> **Autônoma é uma empreendedora de si própria!**

Você deve embutir o preço de sua hora em todos os serviços. Quanto mais qualificado e eficiente for seu serviço ou produto, mais valor terá sua hora.

Eu fiz um mestrado quando as crianças ainda eram pequenas e, ao mesmo tempo, administrava uma rede de franquias. A que horas eu escrevia minha tese? Entre 5h30 e 8 da manhã, durante dois anos. O bom de colocar prazo nos objetivos é que fica mais fácil mensurar quando vão acabar.

Que tipo de autônoma você é?

Como você está vendendo seus serviços? Está organizada para isso? Tem uma metodologia eficiente?

Autônomas precisam ser criativas. Clientes gostam de quatro coisas:

Eficiência	Comodidade	Conveniência	Exclusividade

Você está entregando tudo isso ao seu cliente?

Tudo que é personalizado é mais original, e vamos combinar que vender mais do mesmo, ou da mesma maneira dos demais, não fará com que você seja vista. E nós queremos que você não só seja vista, mas seja disputada.

Onde você busca inspiração para seu negócio crescer, que no caso é você mesma?

Você segue seu cliente? Entrega o que ele quer? Você utiliza as redes sociais a seu favor? Quão amiga você é da tecnologia e do marketing?

Não dá para negar, as redes sociais são fontes de inspiração e influenciam o consumo diretamente. Tão importante quanto a qualidade do seu produto é a maneira que você usa para comunicar isso para seu público: a sua divulgação. Vamos, então, falar mais adiante sobre como aproveitar as redes sociais ao máximo e dar um *boom* nas suas vendas.

Sou empreendedora

Quando abrimos uma empresa, dedicamos todo nosso tempo a ela. Uma empresária recebe um pró-labore, que é o salário do dono ou sócio de um negócio. De acordo com o Sebrae, entre 2017 e 2019, a proporção de mulheres empreendedoras que são "chefes de domicílio" passou de 38% para 45%[1]. O estudo também mostrou que as mulheres empreendem movidas, principalmente, pela necessidade de ter outra fonte de renda ou para conseguir independência financeira. As mulheres empreendedoras são mais jovens e têm um nível de escolaridade 16% superior ao dos homens. Apesar disso, elas continuam ganhando 22% menos que os empresários.

A desvantagem também é significativa quando se trata de acesso a crédito e linhas de financiamento. Elas acessam um valor médio de empréstimos de aproximadamente R$ 13 mil a menos que a média liberada aos homens. Apesar disso, elas pagam taxas de juros 3,5% acima do que paga o sexo masculino.

Não é surreal?

Mesmo com esse cenário desfavorável em comparação ao universo do empreendedorismo masculino, as mulheres representam atualmente 48% dos microempreendedores individuais (MEIs), atuando principalmente em atividades de beleza, moda e alimentação. Desse total, 55,4% estão sediadas em casa, ou seja, a mulher cuida da casa, dos filhos e ainda empreende.

Esses dados mostram que, no Brasil, as mulheres não têm medo de começar um negócio. Só uma minoria, porém, consegue estabelecer suas empresas. Normalmente elas saem endividadas, frustradas e em uma situação financeira pior do que entraram. O difícil não é plantar uma árvore, ter um filho e escrever um livro, mas sim fazer a árvore florescer, criar a criança e vender o livro.

Portanto, antes de pensar em aumentar sua renda com um empreendimento, pesquise muito. Capacite-se também. O Sebrae, por exemplo, tem inúmeros cursos gratuitos e on-line que podem ajudar você a começar a empreender com mais chances de sucesso.

Outra dica é pensar bem sobre seu produto. Ele deve resolver um problema ou uma necessidade de alguém. Avalie os riscos, seja muito determinada, tenha disciplina e faça algo do qual você tenha profundo conhecimento. Procure aprender sobre vendas e marketing para oferecer exatamente o que seu cliente precisa, e jamais delegue a outra pessoa o coração da sua empresa, que é o setor financeiro.

Separe as contas da empresa da sua conta pessoa física, o mesmo serve para as contas de investimento. Todo empreendedor precisa ter uma conta pessoa jurídica e uma conta pessoa física.

---

[1] https://apecc.com.br/noticia/empreendedorismo-feminino-na-pandemia/#:~:text=De%20 acordo%20com%20levantamentos%20do,de%2038%25%20para%2045%25

Um erro comum é achar que, para abrir a empresa, é necessário ter apenas o dinheiro do investimento. Mas e o dinheiro que você precisa para viver enquanto a empresa não dá lucro? Tudo isso deve entrar na conta na hora de empreender. Senão, você vai falir nas contas pessoais antes de a empresa engatinhar. Por isso, comece sempre pequeno, simples e com o menor custo possível.

Uma boa opção para começar a empreender são as franquias, mas não se deixe tomar pela euforia e o status de empresária. Trabalhe com estoque mínimo e tome cuidado com modismos, com a falta de planejamento e com a paixão. A paixão muitas vezes nos cega.

Mulheres que não lucram empreendem por impulso.	**Mulheres que lucram se capacitam, começam com custo baixo e têm metas a serem cumpridas!**

Ao empreender é preciso se preparar para:
- Falhar
- Lidar com críticas
- Recomeçar
- Viver sem rotina
- Trabalhar mais do que o esperado

Empreendedora de sucesso é aquela que desenvolve equilíbrio emocional para aprender com os erros, mudar a rota quando necessário e não desistir no meio do caminho.

O empreendedor acorda desempregado todos os dias.

Negócio ou emprego bom é aquele que paga suas contas e permite que você reserve uma parte para manter seu padrão de vida quando não puder mais trabalhar. Lembre-se, o plano aqui é liberdade!

Sou esposa

Ah, mas isso não é uma carreira. Eu acredito que seja, pois dá bastante trabalho ser eficiente e eficaz no gerenciamento de um casamento e uma casa. Essa é uma situação bem delicada e eu realmente gostaria que você tivesse ambições maiores do que ser apenas uma esposa, independentemente do seu padrão de vida.

As escolhas são sempre pessoais, e mulheres que lucram respeitam e apoiam umas às outras. Mas se atualmente você é apenas esposa, aconselho que se desafie a ser mais que isso, todos os dias!

Você pode, por exemplo, administrar o dinheiro da casa e ter controle de tudo que entra e sai, participando das decisões financeiras e investimentos do casal. É muito comum encontrarmos mulheres que não têm a menor ideia de quanto dinheiro há em circulação em suas vidas. Conheço mulheres que não sabem direito com o que o marido trabalha — claro, quando há dinheiro em abundância, esse desconhecimento não parece tão grave, mas e se porventura essa situação mudar?

Se o homem é dono das receitas, ele é também, por extensão, dono da sua liberdade financeira. Lembra da importância do diálogo nos regimes de casamento e escolhas do casal? Tudo é válido, desde que fique claro o papel de cada um na relação, e que você não abra mão da sua autonomia para, no futuro, não entrar para as estatísticas de mulheres pobres. Se você não se interessa pelas finanças da sua casa, ficará sempre refém das decisões alheias.

Certo dia atendi uma moça, vou chamá-la de Gabi. Ela era uma garota bonita, trinta e poucos anos, com ensino superior incompleto, se casou com um homem bem-sucedido, mais velho, que já havia acumulado um bom patrimônio. Gabi vivia uma vida despreocupada e confortável. Tinha um bom cartão de crédito, uma casa linda na cidade, uma casa de praia, viagens, empregados e tudo que um "bom casamento" pode proporcionar. Gabi engravidou e teve um menino. Como sabemos, a ordem do casamento muda quando se tem filhos, sobretudo quando você vive somente para eles. O marido, que já estava no terceiro herdeiro e segundo casamento, festejava a chegada do caçula. Os anos se passaram e, quando a criança completou 12 anos, o pai encontrou um novo amor. Gabi, que havia parado no tempo para cuidar da criança e do marido, foi morar em um apartamento pequeno, passou a viver da pensão do filho e, quando acabou a sua mesada de dois anos prevista pela lei, começou a levar uma vida com restrições financeiras e, com essa experiência, um grande aprendizado. Fizemos o planejamento; ela passou alguns anos até se especializar em algo de que gostava para se recolocar no mercado de trabalho. Hoje está tudo bem, mas Gabi precisou aprender do jeito mais difícil, antes de colocar em prática todo o método que ensinamos neste livro.

Com base nos aprendizados da Gabi, convido você a refletir: qual parte das receitas domésticas tira para você, para um projeto seu? Você tem uma reserva de emergência só sua?

Se você é dependente financeiramente, é importante estabelecer uma mesada para você ou para o casal. Um dinheiro para que cada um faça o que bem entender.

Ao deixar bem claro na relação sua preocupação com seu futuro (por mais que o cônjuge diga que *jamais* vai deixar você na mão), você deve destinar boa parte da mesada para investimentos. Mulheres que lucram têm uma reserva de emergências individual, independentemente dos planos conjuntos do casal.

Como foi enfatizado no capítulo 1, falar de dinheiro dentro de casa não pode ser um tabu. Se nesse período Gabi tivesse sido clara e investido parte da sua mesada, certamente teria um outro arranjo financeiro no divórcio.

Achamos que isso nunca vai acontecer conosco, mas o fato é que acontece!

Então, se você optar por largar seus projetos por uma relação, não há problema algum, apenas uma dica: negocie. Fale abertamente sobre isso com o parceiro.

Você pode investir nas pessoas, mas não deve esperar nada delas. A lição que Gabi aprendeu foi que não valeu tanto a pena disponibilizar seu tempo em troca de reconhecimento futuro, sob o ponto de vista de suas finanças. Por isso, pense sempre em você. Isso não é egoísmo, é sobrevivência. Mulher bem resolvida emocional e financeiramente não incomoda ninguém. Nem o ex!

Sou mãe

Essa é a profissão mais trabalhosa do mundo. Ela não é remunerada, mas basta receber um elogio da mãe de um coleguinha dizendo que a criança se comportou lindamente na sua casa, que nos sentimos totalmente recompensadas. Até porque na própria casa eles nunca se comportam bem.

Ser mãe é o sonho de muitas mulheres, já de outras, nem tanto. Algumas escolhem se dedicar integralmente aos filhos nos primeiros anos de suas vidas. Independentemente de qual seja a sua escolha ou possibilidades, é importante não nos frustrarmos com as decisões ou condições impostas pela vida. Quantas mães maravilhosas você conhece que amam seus filhos, mas sentem-se frustradas por não terem outra atividade profissional? Criar os filhos e trabalhar fora é uma tarefa árdua, mas se é isso que a preenche, que a faz feliz, lute por isso. Acredite, seu filho não quer ter uma mãe frustrada porque abriu mão da carreira para criá-lo. Não devemos colocar esse peso nas nossas crianças.

Se você é empreendedora e vai contratar profissionais para a sua empresa, dê espaço para mulheres que são mães. Nós sabemos bem que filhos pequenos podem ser uma barreira para conseguir um novo trabalho. Também sabemos que muitas mulheres abrem mão de ser mães porque consideram desafiador conciliar filho e carreira — como os homens fazem. Quantas mães você tem apoiado?

A mulher que escolhe se dedicar integralmente à criação dos filhos também precisa se preparar financeiramente para os reveses da vida. Se você tem filhos e seu casamento termina, pode receber dois tipos principais de pensão: a que é paga a você e a que é paga a seus filhos. Durante muitas décadas, as mulheres foram as maiores recebedoras de pensão alimentícia. Afinal, a imensa maioria deixava a casa dos pais, onde era dependente economicamente, para se casar. E, assim, tornava-se economicamente dependente do marido.

Hoje em dia, com mais mulheres conquistando espaço no mercado de trabalho, o critério mudou um pouco. Se a mulher tem idade e condições físicas de conseguir um emprego, mas quando era casada dependia economicamente do marido, pode receber uma pensão alimentícia temporária ou transitória. Se ela consegue um emprego ou tem uma mudança positiva na sua condição financeira, por uma promoção no trabalho ou até mesmo por ter se casado novamente, a pensão pode ser reduzida ou extinta.

Para determinar, ou não, o pagamento de pensão, o juiz leva em conta três aspectos principais:

- a necessidade da parte que está solicitando
- a possibilidade de quem vai pagar
- a proporcionalidade entre esses dois elementos

A pensão só é vitalícia se a ex-mulher for incapaz de trabalhar, seja por seu estado de saúde, idade, seja por outra condição específica; ou então se não tiver mais idade ou saúde para voltar ou ingressar no mercado de trabalho. Quando a mulher é jovem e apta para trabalhar, normalmente a pensão já é estabelecida com prazo determinado, que costuma ser de um a dois anos, que é justamente o tempo para ela se inserir no mercado e conseguir uma fonte de renda própria.

A pensão do cônjuge, porém, não se confunde com a pensão dos filhos. Quem não tem a guarda das crianças deve ajudar com os seus gastos – alimentação, educação, saúde, moradia, contas de consumo etc. Os filhos sempre têm direito enquanto forem menores de idade. Se o filho tiver uma doença incapacitante, por exemplo, a pensão dura até ele atingir 18 anos ou até terminar a faculdade. E os filhos crescem rápido!

A pensão é um direito que todas as mulheres que abriram mão de suas carreiras para cuidar dos filhos e da casa podem – e devem – reivindicar, mas essa não deve ser uma desculpa para você não ter a sua própria reserva de emergência, fazer investimentos mensais e planejar o seu futuro financeiro. A nossa independência deve ser construída todo o tempo, principalmente nos momentos estáveis da vida. Assim, quando nem tudo for flores, você estará segura para fazer o que desejar pela sua felicidade e pelos seus filhos. Independência financeira, antes de mais nada, é liberdade para escolher. Inclusive para escolher ser "mãe profissional", e tudo bem com isso!

Sou herdeira

Você pode ser herdeira porque ficou viúva ou nascer assim (quem souber como faz, avise, por favor).

Quando o marido morre, a esposa é considerada herdeira juntamente com os filhos em todos os regimes de bens, menos na comunhão universal, pois nesse regime ela já tem metade de todos os bens adquiridos, antes e durante o casamento.

Se o regime for o de comunhão parcial, além de ter 50% dos bens adquiridos durante o casamento, a esposa é herdeira, juntamente com os filhos, dos bens particulares do falecido, que são aqueles recebidos antes do casamento ou por herança ou doação. Assim, no divórcio, a esposa não tem direito aos bens particulares, mas na morte, sim.

Mesmo se o regime for o de separação total de bens, em que não há partilha no divórcio, se houver morte, o cônjuge herda uma parte de todo o patrimônio do falecido juntamente com os filhos. Ou seja, na separação total, os cônjuges valem mais mortos do que vivos.

Também é possível fazer um planejamento patrimonial e sucessório, que pode ser via utilização de testamentos, criação de *holdings* ou fundos de investimentos fechados, escrituras de doação, usufruto, seguros de vida, previdência privada etc., para distribuir o patrimônio como melhor lhe convier; claro, dentro dos limites da lei.

Agora, se você é herdeira de uma grande fortuna, como cuida do dinheiro que já é seu?

Geralmente, as herdeiras têm fundos próprios, com *family offices* específicos e especializados. Mas você sabe de fato o que seu *banker* faz com o seu dinheiro?

No Brasil, 90% das empresas são familiares, mas, de acordo com o Family Business Institute, somente 12% das organizações sobrevivem até a terceira geração, e apenas 3% ainda operam nas mãos da quarta geração da família. Ao mesmo tempo, a representatividade econômica mundial desse tipo de empresa, variando entre pequenas empresas e grandes conglomerados, é altíssima: está entre 70% e 90%. É grande, então, a importância das famílias empresárias no cenário econômico externo e a necessidade da gestão da carreira de seus membros para garantir um modelo sucessório que se sustente.

Ao contrário do que muitos imaginam, porém, ser herdeira não é sinônimo de facilidades. Ser filha, sobrinha ou neta dos donos de um negócio representa, desde cedo, pressão e altas doses de expectativas. Essa ansiedade e excesso de cobrança podem prejudicar a carreira dos jovens sucessores. Enquanto alguns são obrigados a assumir a liderança do negócio, outros são simplesmente excluídos das tomadas de decisão.

Claro que a maioria dos fundadores tem o desejo de que a empresa continue e, de preferência, seja comandada pelos próprios filhos.

Mas será que esse é, de fato, o projeto pessoal da herdeira?

Além de um sobrenome, é preciso ter interesse, vocação e capacidade para a função.

Se essa for sua ambição, é importante, desde a faculdade e dos primeiros empregos, manter-se informada sobre como o negócio da família está evoluindo, tendências e problemas com os quais está lidando. Saiba como é trabalhar na empresa, procure conhecer a cultura e os tipos de cargos que podem ser seus no futuro. Estágios durante a faculdade são um ótimo exemplo prático para isso. Talvez não seja justo, mas você será analisada o tempo todo pelos colegas, então não deixe que isso interfira no seu desempenho. É fundamental estar tecnicamente bem preparada para exercer as funções designadas. A herdeira também serve à sua família.

E você não precisa ser herdeira de um grande império. O restaurante da sua família, por exemplo, pode ser a sua herança. Se dar continuidade ao negócio da família não for o seu desejo, foque em descobrir o que deixa você realizada, pessoal e profissionalmente. Você pode trabalhar no que realmente acredita e ainda manter-se conectada ao negócio familiar como acionista, por exemplo.

> **Ser feliz é um conceito muito pessoal, que precisa ser descoberto e conquistado ao longo da vida.**

Se a geração anterior a sua se preocupou em fazer dinheiro, acredito que a seguinte não deva simplesmente repetir esse mesmo objetivo, mas sim transcendê-lo. Usar o que já foi conquistado para dar um passo além, fazer algo pelos outros e pelo mundo, algo que realmente faça a diferença.

Tenha cuidado para não se apequenar diante da abundância financeira e parecer um gado em pasto verde e farto. Agir desse modo pode trazer consequências psicológicas graves. A independência emocional nem sempre está ligada à quantidade de recursos disponíveis. Está ligada ao autoconhecimento e à capacidade de realizar projetos rentáveis, fruto do próprio esforço. A vida é bem maior que um cartão de crédito ilimitado.

Há também herdeiras que não lucram. Herdeiras que lucram se capacitam para multiplicar os recursos que têm.

Sou investidora

Independentemente de qual forma você escolheu para fazer dinheiro, essa opção sempre caminhará lado a lado com sua estratégia de independência. É ela que vai dar a você a verdadeira liberdade, pagar suas contas e bancar a vida que você quer levar. Os investimentos propiciam um fluxo de caixa permanente, ou seja, de tempos em tempos cai dinheiro em sua conta, sem que você precise ficar correndo freneticamente atrás da máquina.

Os investimentos propiciam pausas na carreira, mudanças de postura, anos sabáticos e tranquilidade para lidar com os infortúnios da vida. São eles que bancam nossas escolhas. Isso é liberdade!

Empregada	Autônoma
Empreendedora	Esposa
Mãe	Herdeira

INVESTIDORA

Para fazer dinheiro como investidora, não dependemos da venda do nosso tempo. Podemos emprestar nosso dinheiro para o governo ou empresas e receber juros por isso, investindo em títulos de dívida. Também podemos investir em imóveis por meio dos fundos de investimento imobiliário ou ser sócias de empresas investindo em ações. Essas são apenas algumas das possibilidades de se fazer dinheiro enquanto dorme. Quem não quer?

Para investir, precisamos de dinheiro. Investir, aliás, é muito diferente de poupar. Ao investir, estamos aumentando o nosso capital ao longo do tempo. Quem poupa está apenas deixando de gastar. **Mulheres que lucram não poupam, investem!**

Um padrão de comportamento muito comum que observo nos planejamentos financeiros é trabalhar demais, poupar às vezes, investir esporadicamente. Atendo mulheres com boas profissões, alto fluxo mensal de renda e que trabalham muito, mas gastam como se não houvesse amanhã. O grande erro, nesses casos, não é apenas o consumo elevado, mas também acreditar que teremos energia para trabalhar nesse mesmo ritmo ao longo dos anos.

É natural ter menos energia para fazer dinheiro ao envelhecer, e nessas horas muitas mulheres são obrigadas a diminuir drasticamente o padrão de vida porque não se planejaram mais cedo. **Mulheres que lucram se planejam para o amanhã!**

Você ou o seu dinheiro terá que trabalhar enquanto você viver. Qual é a sua escolha?

Capítulo 7
Transição de carreira

Não é medo ou coragem. É medo e coragem.

Yuval Noah Harari é um historiador israelense; ele fala que a expectativa de vida do homem está cada vez maior (100 anos em breve), e isso nos obriga a nos reinventarmos. Não haverá somente um casamento ou uma profissão que durará por toda a vida, até porque muitas das profissões do futuro ainda nem foram inventadas.

Essa necessidade de adaptação e transformação requer planejamento, força de vontade e coragem. Eu mudei muitas vezes na minha vida, e em todas me surpreendi com a quantidade de aprendizado e crescimento que elas me proporcionaram.

Mas toda mudança é difícil. Independentemente da sua carreira atual, e para qual área você deseja migrar, é importante pedir ajuda para a tomada de decisão e, principalmente, para baseá-la em princípios e valores.

Mulheres que não lucram, procrastinam.	**Mulheres que lucram não têm tempo a perder.**

Para as minhas transições de carreira, eu levei em consideração quatro pontos:

Meus valores	**Meu mentor**	**Terapia**	**Meditação**

Ponto 1: Valores

Quais são seus valores?

Etimologicamente, moral vem do latim *moralis*. Já ética vem do grego *ethos*.

Para viver em sociedade, precisamos de valores e respeito aos costumes, mas as pessoas têm, consequentemente, valores diferentes e priorizam uns em detrimento de outros.

Então, eleja seus sete valores e seja fiel a eles. Assim, você será leal aos seus objetivos.

Eu tenho os meus valores e todos são importantes, mas de alguns eu não abro mão em nenhuma decisão. São eles:

- **Fé:** eu tenho uma crença, acredito no amor, ou seja, em Deus. Não tenho religião, mas sim religiosidade. Penso que vim a este mundo para transformar e fazer diferente. Não se vê ateu nas trincheiras. A mulher que lucra sofre muitos ataques, e foi na vida espiritual fortalecida que construí meu eixo de equilíbrio. Afinal, do crente ao ateu, quem explica Deus?

- **Família:** amo a mim, aos meus filhos, familiares, amigos. Meu trabalho é também extensão da minha família. *Amar é mudar a alma de casa* (Mário Quintana). Eu não acredito que o amor acaba, talvez ele se transforme, mas uma vez amor, sempre amor, inclusive por quem já não está mais presente no seu dia a dia.

- **Responsabilidade:** independência traz responsabilidades, por isso muitos a evitam. Tenho um lema em minha casa: primeiro a obrigação, depois a diversão. Uma vez que eu entro em um projeto, coloco metas e prazos para execução e conclusão. Sempre quis ter autonomia financeira e emocional. Acredito de verdade que as duas coisas caminham juntas. Eu amo poder escolher onde empreender meu tempo, e o dinheiro é minha melhor ferramenta para isso.

Difícil mesmo é romper todos os dias a caixa tradicional em que fomos colocadas.

- **Proatividade:** sempre penso na melhor forma de melhorar o ambiente em que estou, familiar ou profissional. Procuro transformar com positividade os problemas e buscar as soluções. Tento focar em fazer o que me move, assim nunca conto as horas. Eu me divirto dentro da responsabilidade que assumo. A proatividade contagia e impacta quem está à sua volta. Significa ir lá e fazer acontecer. Se eu não acreditar no projeto ou na pessoa que está à frente do desafio, eu acabo ficando com preguiça de todos os processos e geralmente não dou o meu melhor.

- **Saúde:** eu cuido da minha mente e do meu corpo. A saúde mental vem do controle de nossas emoções. Saúde corporal, e também uma parte da mental, vem da alimentação. Eu me importo com a qualidade dos alimentos que eu, minha família e até os meus amigos e colegas de trabalho consumimos. Quero viver mais e melhor e desejo que as pessoas importantes para mim vivam também. Faço atividade física regularmente e não me privo de nada, nem de uma bela dose de uísque depois de um dia "punk". Se eu não cuidar do meu corpo e da minha mente, onde vou viver?

Aqui o sexo, o abraço e o beijo são fundamentais para nos aliviar da pressão da vida responsavelmente lucrativa. Faz bem para a pele, para o corpo e para a mente. Uma vida sexual saudável, em que nossos desejos e nosso espaço sejam respeitados, faz parte do manual prático da mulher que lucra. "Conhece-te a ti mesmo" na cama (ou em qualquer ambiente) vale aqui também. Além disso, costumo cuidar e muito da qualidade da pessoa que me acessa (mas isso é assunto para um outro livro).

- **Gratidão:** é o tesouro dos humildes. Sou grata e leal a quem me ajuda ou ajudou em toda a minha trajetória. Minha memória é longa e para ter independência devemos escolher de quem depender.

- **Generosidade/gentileza:** dar e se doar sem esperar recompensa. Só por amor. O dinheiro é apenas um meio de escolher para quem e como você vai empregar seu tempo enquanto viver, não um fim em si mesmo. O fim é o mesmo para todos. Acredito ainda que o fim não justifica os meios, são os meios que justificam o fim e o início. No final das contas, trabalhamos para desfrutar os momentos que não têm preço, com pessoas que em nossas vidas valem mais que diamante.

Veja a seguir outros exemplos de valores:

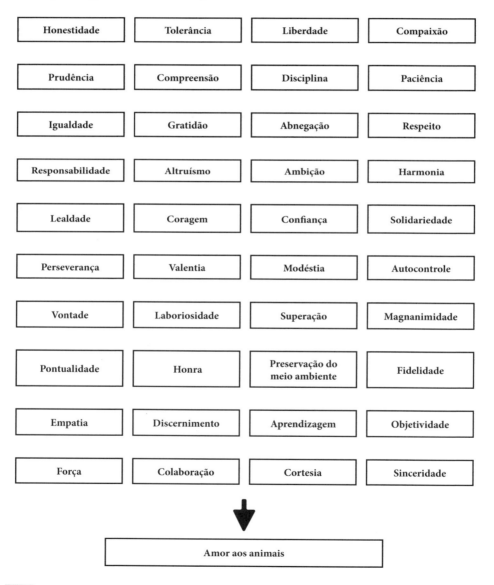

Selecione os que a movem e não julgue quem elegeu valores diferentes dos seus. Respeite e entenda os diferentes pontos de vista.

Quais são seus sete valores?

Ponto 2: Tenha um mentor

Depois de identificar seus valores, é chegada a hora de pedir a opinião de quem importa. E quem importa é de fato muito importante para você. Quem poderia avaliar suas competências a ponto de dar uma opinião qualificada a respeito das suas características?

Quem você admira?

Vá atrás e peça ajuda. Não tenha medo nem vergonha de pedir conselhos. Procure pessoas melhores que você; elas ficarão gratas em ajudar!

Ponto 3: Faça terapia

Nada mais revelador de nossas fragilidades (todas nós temos, e muitas) e inseguranças do que um psicólogo ou psicanalista para nos ouvir e interferir no curso de nossas decisões.

Temos muitas privações, retaliações sociais e culturais por todos os lados. A terapia faz sua consciência aparecer para si mesma. São seus pensamentos inautênticos, aqueles escondidos no seu inconsciente, que lá pelas tantas fazem você tomar decisões equivocadas sem perceber, ou mesmo repetir padrões que a fazem correr, se desgastar e sempre chegar ao mesmo lugar; o lugar do qual você deseja sair, mas ao qual a vida insiste em levá-la de volta. É a famosa frase que diz que não adianta fazer as mesmas coisas e esperar resultados diferentes. Um bom profissional pode ajudar você a enxergar a vida por outros ângulos.

A busca por autoconhecimento e investimentos no seu desenvolvimento pessoal são hábitos que você deve cultivar ao longo da vida. Independência financeira e independência emocional são duas amigas inseparáveis.

Ponto 4: Pratique meditação

A meditação tem o poder de acalmar a mente, controlar impulsos e a ansiedade. Inspirar e expirar na mesma frequência e intensidade já me livrou de cometer loucuras. Meditar mudou a minha vida, a minha relação comigo mesma e com os outros, por isso recomendo a todas as mulheres que estejam em busca de sua melhor versão. Praticar a atenção plena nos livra de ansiedades, julgamentos e atitudes que contrariam os nossos valores.

Sabendo quais são os seus valores, com um mentor e autoconhecimento, você poderá trabalhar com um propósito. Qual é o seu propósito?

Imagine que você empreenda vendendo roupas on-line. O que você faz é vender roupas, mas o seu propósito é oferecer peças que valorizem diferentes tipos de beleza a um preço acessível. Veja, você vende roupas porque tem um objetivo maior, muito além de apenas obter lucro.

Os propósitos são a nossa energia para os dias difíceis. São eles que nos motivam a superar barreiras, a nos reinventarmos, são eles que irão trazer outras pessoas para caminhar ao seu lado, lutar pelos seus sonhos. Se você não sabe qual é o seu propósito, provavelmente está vivendo o de outra pessoa. E, claro, podemos ajudar outras pessoas em seus propósitos, mas sem esquecer dos nossos e de nós mesmas.

O seu propósito pode ser o que você quiser, desde que ele esteja alinhado aos seus valores. **Mulheres que lucram têm propósitos, não estão de passagem pelo mundo!**

Capítulo 8
Você e seu dinheiro.
Quem manda?

"O desejo pode nos humilhar de duas formas básicas: negando-nos a realização de nosso desejo ou, pior, deixando que os realizemos."

Arthur Schopenhauer

Quero ficar feliz agora!

Não adianta nada saber fazer dinheiro, se a maneira de gastá-lo estiver equivocada. Só será possível levar adiante nosso plano de independência se aprendermos a gastar menos do que ganhamos.

Vamos falar um pouco sobre consumo? Disso a gente entende como ninguém. Não é piada, as mulheres direcionam o consumo no mundo. Uma pesquisa feita pelo Boston Consulting Group em 2019 estimou que pelo menos 70% das decisões de consumo são tomadas pelas mulheres. Desde a escova de dente até a viagem com a família. A opinião da mulher é levada em consideração até mesmo na escolha do carro pelo homem.

De acordo com a psicanálise, estima-se que 85% das decisões de consumo são tomadas no inconsciente. E como ele é atingido? Por exemplo, com o marketing digital, disfarçado de conteúdo nas redes sociais, criado por inteligências que estudam os mecanismos psíquicos e comportamentais das mulheres, manipulando suas prioridades e fazendo-as consumir bem mais do que o necessário (se você aprender a fazer isso, suas vendas vão bombar!).

Uma grande loja de departamentos no Brasil teve enorme dificuldade para desabituar as clientes a utilizar o carnê como meio de pagamento. Por quê? As clientes não queriam ser descobertas. Como no carnê a compra não fica registrada da mesma forma que no cartão de crédito, é mais fácil esconder o consumo dos parceiros.

Isso só acontece porque confundimos consumo com felicidade. Na esmagadora maioria das vezes, compramos para substituir um desejo inconsciente; portanto, se você tem compulsão por consumir coisas das quais se arrepende depois, certamente está tentando preencher carências que seu consciente não reconhece.

Acontece que o consumismo pelo vício provoca distúrbios de comportamento e humor. Na ânsia pelo prazer constante, nosso inconsciente estabelece uma relação direta entre felicidade e satisfação do desejo por meio do ato de consumir.

Mulheres que não lucram têm medo de comprar produtos financeiros.	Mulheres que lucram têm pavor de tranqueiras estocadas no *closet*.

Mas quem em sã consciência deixaria de ter prazer hoje para esperar tê-lo no futuro? Na sociedade pós-moderna, em que duas semanas atrás já é algo ultrapassado, torna-se muito difícil deixar de lado a satisfação imediata dos nossos desejos.

O "Penso, logo existo", do filósofo francês Descartes, de repente se transformou em "Tenho, logo existo". O medo de estar *off-line*, fora de moda e excluída do *mainstream* nos assombra como uma espécie de culpa por não "viver" aqueles instantes de ofertas vazias. O fetiche da mercadoria nunca foi tão explorado. E dessa forma cria-se a cultura da educação para o consumo.

Não é à toa que uma nova síndrome surgiu. A síndrome de FOMO - *Fear of missing out*, traduzida como "medo de estar perdendo algo" — é a necessidade constante de se atualizar nas redes sociais.

Uma pesquisa realizada em 2017 pela Royal Society of Public Health, do Reino Unido, avaliou que a ocorrência de ansiedade e depressão aumentou mais de 70% na faixa etária de pessoas entre 14 e 24 anos, comparada com os 25 anos anteriores. Os jovens estão mais ansiosos, deprimidos e com baixa autoestima. O estudo mostrou ainda que o compartilhamento de fotos pelo Instagram impacta negativamente o sono, a autoimagem, e aumenta o medo de ficar de fora dos acontecimentos e tendências – a tal síndrome de FOMO.

Ou seja, já não basta ter, é preciso postar para existir.

Além do preenchimento da existência com atos de consumo, tem-se a instantânea projeção desses momentos ao público. Acontece que, como quase todas as fotos são produzidas, tratadas, os vídeos editados, invariavelmente o que se vende é uma versão falsa da própria existência. Com isso, cria-se uma idealização. Nesse contexto, a frustração e a angústia são muito reais, pois padrões estão sendo estabelecidos: de beleza, de sucesso, de gastos. Compara-se a própria existência com a existência alheia o tempo todo. E mesmo que a gente saiba que na maioria das vezes o que é mostrado não condiz com a realidade, essas imagens provocam angústia, baixa autoestima e depressão, sobretudo nos mais jovens.

Mulheres que não lucram não cuidam de seus pensamentos.	**Mulheres que lucram investem no seu autoconhecimento.**

Nas redes sociais, todas as movimentações, preferências, desejos, gostos e afetos são monitorados e rastreados por meio de algoritmos. Ou seja, o objetivo é meramente comercial. Como vimos, a publicidade pode ser extremamente refinada, e a facilidade "gratuita" da rede social cobra seu preço por meio da vigilância dos usuários. Isso quer dizer que os algoritmos podem descobrir os desejos e as angústias de uma pessoa, antes mesmo da consciência comunicar ao ego tal necessidade de satisfação.

Qualquer semelhança com uma marionete não é mera coincidência. Então, para sair desse *looping* cerebral, sugiro que você faça três coisas imediatamente:

- Dê *unfollow* em todos os perfis que, por parecerem "perfeitos", fazem você se sentir mal.
- Dê *unfollow* em tudo que influencia suas decisões de consumo e a agir por impulso.
- Foque o seu trabalho.

A vida é muito curta para ser resumida em pequenos objetivos, como conquistar mais e mais dinheiro. Eu tenho uma preguiça gigante de quem desperdiça tempo atrás de milhões apenas para ser aceito e admirado. O que mais vemos em todos os lugares são pessoas atrás de fórmulas ou produtos financeiros mágicos para ganhar o máximo possível.

Mulheres que não lucram compram coisas inúteis por impulso.	**Mulheres que lucram compram o que precisam. Têm poucas e boas coisas.**

Imposto Rosa

Você sabia que uma lâmina de barbear feminina custa, em média, 13% a mais do que a masculina?

O *Pink Tax*, ou Imposto Rosa, não é exatamente um imposto. É o nome dado ao fenômeno do sobrepreço dos produtos rosa, ou seja, os produtos destinados ao mercado feminino.

Sempre que chego a uma farmácia e cruzo os corredores do setor de perfumaria, começa minha saga: escolher produtos que atendam às minhas necessidades sem ter que pagar mais simplesmente por ser mulher. Qual é o motivo para uma mesma lâmina de barbear ter tanta diferença de preço, já que se trata do mesmo produto? Será que nós, seres humanos que temos mais progesterona do que testosterona, somos de fato mais vulneráveis às armadilhas de consumo?

A resposta é sim. Associamos compras à abstração da realidade e supervalorizamos o senso estético, portanto estamos dispostas a pagar um valor maior por itens mais "bonitos". Além de termos uma visão mais apaixonada dos fatos e das coisas, queremos ser aceitas, admiradas, reconhecidas. A moda *fast fashion*, por exemplo, está aí para lembrar que sempre precisamos de algo a mais no *look* do dia. Maquiagens, cabelos escovados, sapatos, joias e bijuterias. Ah, e também unhas feitas, depilação, sobrancelhas. É especialmente caro ser mulher, em média seis vezes mais do que ser homem.

Além de caro, também é bastante trabalhoso: esposas, mães, amigas e profissionais, tudo isso em cima do salto, de preferência. Aliás, quantos pares há no seu armário?

> **Tudo que é rosa ou destinado às mulheres custa mais!**

Segundo o Departamento de Assuntos do Consumidor da cidade de Nova York, o imposto de gênero é ainda mais impactante na economia do que o esperado. Você já reparou que xampus para mulheres com a mesma marca dos homens têm uma diferença considerável no preço? Eles são, em média, 48% mais caros quando destinados para nós.

O objetivo aqui não é acabar com tudo aquilo que não é estritamente necessário, mas criar essa consciência, para então podermos tomar as melhores decisões, com equilíbrio e inteligência; afinal de contas, queremos ser investidoras e independentes, sem abrir mão das pequenas vivências e prazeres da vida.

Se você tem filhos – no meu caso, um menino e uma menina –, a conta dela é sempre maior que a dele. Tudo para meninas também é mais caro. Além disso, mães de primeira viagem (ela veio primeiro) são presas fáceis, porque muitos adereços se oferecem como indispensáveis e expressam sinais de bons cuidados com a garotinha.

No Brasil, temos uma das maiores taxas de imposto sobre absorventes do mundo: cerca de 25% do preço do produto é só imposto. Já parou para pensar quanto, em média, você gasta com absorventes ao longo da sua vida? Só em impostos, cada cidadã pode chegar a pagar perto de R$ 5 mil, dependendo do valor e do modelo do produto.

Tudo isso posto, a primeira coisa que devemos fazer é eliminar os desperdícios. Quando você for a uma farmácia ou loja de departamentos, compare os preços. Sempre que puder, evite escolher pelo gênero. Eu, cada vez mais, opto pelo básico e pelas cores neutras, sobretudo no caso das crianças.

> **Proteste! Peça desconto. Seja firme.**
> **Questione:** por que um corte de cabelo igual ao de um homem tem que ser mais caro para a mulher?

É hora de esquecer o complexo de Cinderela. Deixar de aceitar as coisas como estão já é um grande passo – não somos mais indefesas ou alienadas, certo?

A maior saia-justa é, com certeza, ignorar os fatos e permanecer dependente de um sistema ou de alguém.

> **Não existe nada que seja mais útil para comprar do que sua liberdade financeira!**

Como colocar a razão para funcionar?

A teoria clássica da economia pressupõe que as pessoas são racionais. Tomam decisões com base nas informações disponíveis e escolhem a opção que melhor vai servi-las. A partir desse entendimento, um consumidor não vai comprar três pacotes de bolacha quando precisa apenas de um, só para ganhar um copo da marca (de que ele não precisa). Também é lógico pensar que uma pessoa vai decidir economizar parte do seu salário para garantir uma vida mais confortável na aposentadoria. Ou que alguém que está endividado vai cortar seus gastos, em vez de parcelar a compra de um par de sapatos no cartão de crédito. Mas se nós somos realmente racionais em 100% do tempo, por que tanta gente tem esse tipo de atitude?

Richard Thaler, economista norte-americano que recebeu o prêmio Nobel de Economia de 2017, foi um dos primeiros estudiosos a unir a economia à psicologia. Sua premissa básica é de que os seres humanos não são sempre racionais e que suas escolhas são baseadas em questões subjetivas e culturais – muitas vezes, esses fatores podem pesar até mais do que a racionalidade.

A linha de pesquisa de Thaler, conhecida como **economia comportamental**, mostra como o comportamento das pessoas afeta a economia. Um ser totalmente racional, chamado de "Econ" por ele, não compraria uma porção maior de um alimento para o jantar da terça-feira quando fazia as compras com fome no domingo – já que a fome no domingo não deveria ser relevante para a escolha do tamanho da sua refeição dois dias depois.

Um Econ também não continuaria comendo após estar satisfeito na terça-feira, só porque já pagou pela comida. Para um Econ, o preço pago em um item no passado não é relevante para a decisão de quanto comer hoje.

Um Econ não esperaria ganhar um presente no dia em que, por acaso, nasceu ou se casou. Qual é a diferença de uma data arbitrária? Na realidade, os Econs ficariam perplexos com a própria ideia de presentes, pois saberiam que dinheiro é o melhor presente possível, já que permite que a pessoa que recebe compre o que lhe é mais eficiente. Um Econ não se parece em nada conosco, não é mesmo?

Os dois cérebros

Segundo Daniel Kahneman, outro ganhador do Prêmio Nobel de Economia, nosso cérebro se divide em dois: o mais primitivo, que ele chama de cérebro rápido, e o mais moderno, o córtex pré-frontal, que ele chama de cérebro lento. O cérebro rápido está sempre buscando a gratificação instantânea, não está nem aí para nosso futuro. Já o cérebro lento não se preocupa com o agora, ele só quer saber do amanhã.

As decisões sobre investimento e consumo não são tomadas apenas no cérebro lento, como supõe a economia tradicional. Segundo Kahneman, elas são afetadas também pelo cérebro primitivo, o rápido.

Mas como tudo isso pode ajudar a nós, mulheres, a cuidar mais do nosso futuro?

Duas regrinhas básicas que eu adotei na minha vida:

- Sempre que vejo alguma coisa que meu cérebro rápido quer muito, saio e espero o dia seguinte. Assim, o cérebro rápido e o cérebro lento têm um dia todo para brigar. No dia seguinte, se o desejo de comprar do cérebro rápido tiver vencido o racional cérebro lento, eu volto à loja. E posso afirmar uma coisa para vocês: o cérebro racional é lento, mas, se tiver um tempo, ele quase sempre vence o cérebro primitivo.

- Procuro automatizar meus investimentos o máximo possível. Deixo uma transferência programada do meu banco para minha plataforma de investimentos logo no dia em que recebo meus rendimentos. Assim, o cérebro rápido, aquele que não entende de futuro, não reclama na hora de tirar o dinheiro do hoje por um objetivo futuro.

O mais importante, a partir de agora, é mudar a relação de consumo de coisas inúteis e compradas por impulso, pois, se deixarmos para investir somente aquilo que sobra no final do mês, é bem provável que nunca sobre nada.

Mas não tenho como gastar menos!

Para fazer sobrar dinheiro não precisamos necessariamente gastar menos, temos que gastar melhor. E isso não significa tirar aquilo que é supérfluo, afinal, sem ele a vida ficaria muito chata. O que precisamos tirar é o desperdício.

> **Supérfluo** é aquilo que melhora nossa vida,
> mesmo sem ser essencial.
> **Desperdício** é aquilo que não melhora
> nossa vida e não é essencial.

Alguns exemplos de desperdício são taxas bancárias, aparelhos domésticos ligados sem uso, uma torneira que vaza, uma roupa que compramos e não usamos, os canais de TV que pagamos e não vemos. Mas, certamente, o pior desperdício é quando gastamos para ganhar o amor dos outros, para termos *status* social.

Quando for consumir algo, pense: estou gastando para meu prazer ou para agradar outras pessoas?

> **Gaste seu dinheiro com você e não para
> parecer quem você não é.**

Assuma as rédeas não só de como você ganha seu dinheiro, mas também de como você o gasta. Pode apostar que, em pouco tempo, você desenvolverá um novo prazer, que é comprar produtos financeiros que geram renda e a colocam mais perto dos seus sonhos.

Negocie. Peça desconto em tudo, em qualquer ocasião. Não tenha medo nem vergonha de dar valor ao seu dinheiro, que é, na verdade, seu tempo.

E as dívidas? Devo investir antes de pagá-las?

A dívida média do brasileiro inadimplente era de R$ 3.253,00 em 2019, e 41% da população adulta tinha alguma conta ou parcela em atraso, segundo dados apurados pelo Serviço de Proteção ao Crédito (SPC Brasil) e pela Confederação Nacional de Dirigentes Lojistas (CNDL)[2]. Quase oito em cada dez brasileiros devem no cartão de crédito. Portanto, não é de surpreender que, quando você pergunta às pessoas quais são seus maiores objetivos financeiros, muitas respondem que é pagar suas dívidas.

Como fazer um plano para se livrar delas de uma vez por todas?

Duas opções: o Método Avalanche de Dívidas ou o Método Bola de Neve. Os nomes são esquisitos, mas funcionam.

Método Avalanche de Dívidas

Também chamado de empilhamento de dívidas, esse é o método de pagamento de dívidas que eu uso em meus planejamentos financeiros, pois foi projetado para ajudar, quem deve, a pagar o mínimo possível de juros. A questão de ordem aqui é evitar desperdício sempre!

Como começar?

- Faça uma lista de todas as suas dívidas. Isso significa cada empréstimo, saldo de todos os cartões de crédito, financiamentos etc. Anote tudo, incluindo a taxa de juros cobrada em cada um e o seu saldo devedor.

- Coloque as dívidas em ordem decrescente, da maior taxa de juros para a menor. Se duas dívidas tiverem a mesma taxa de juros, coloque a de menor saldo primeiro, no topo da lista.

- Continue realizando o pagamento mínimo de cada dívida (caso contrário, você será atingida por taxas atrasadas).

- Coloque qualquer dinheiro extra que você puder encontrar no seu orçamento para a dívida no topo da lista. A dívida no topo é aquela com a maior taxa de juros.

---

[2] https://invest.exame.com/mf/saque-fgts-ajudar-nas-dividas-inadimplente

- Continue até que a dívida número 1 seja liquidada completamente. Em seguida, redirecione todos os recursos possíveis para o pagamento da dívida número 2.

- Continue! Isso economiza seu dinheiro, pois eliminar primeiro as dívidas com taxas de juros mais altas significa que você pagará menos juros.

> **IMPORTANTE:** Antes de começar a quitar suas dívidas, faça contato com cada instituição e negocie. Baixe o preço!

Nossa legislação ainda privilegia os devedores, uma vez que credores não podem fazer nada além de negativar seu nome e acioná-los judicialmente, pagando muitas vezes altas custas processuais. Portanto, pague suas dívidas como pode, mas se esforce para fazer isso o mais rápido possível. Encontre formas de aumentar sua renda, venda objetos sem uso, foque em eliminar suas dívidas.

Outra opção é fazer a portabilidade da sua dívida. Como funciona? Você pode fazer a portabilidade de um empréstimo ou financiamento de um banco para outro, escolhendo a instituição que lhe ofereça a menor taxa de juros. Essa é uma oportunidade de sair das dívidas mais rápido, especialmente em períodos de diminuição da taxa Selic. Isso quer dizer que, se você fez um financiamento com taxa de juros de 6,5% ao ano, pode conseguir reduzir a taxa para 5%.

Mesmo que você ainda esteja endividada, eu recomendo a abertura de uma conta gratuita numa plataforma de investimentos (sim, você pode abrir uma conta mesmo estando negativada). Quando você chegar às dívidas com juros mais baixos (próximo de 2% a.a.), pode começar a investir em pequenos valores, como R$ 100,00 ao mês. Isso vai ajudá-la a criar o hábito de investir mensalmente, e é impressionante como pequenas atitudes fazem grande diferença: mudar os hábitos, perder o medo. Tudo isso é muito importante nesse processo de independência.

A desvantagem desse método é que, geralmente, livrar-se das dívidas leva um tempo, especialmente se seus saldos estiverem altos. Você pode ter uma longa espera entre cada comemoração do "eu paguei uma dívida!". Portanto, você fará muito esforço por um longo período com poucos marcos, e isso pode ser menos motivador. Se você tiver problemas para aderir ao Método Avalanche de Dívidas, o Método Bola de Neve pode ser uma opção melhor para você.

Método Bola de Neve

O Método Bola de Neve funciona exatamente como o Método Avalanche de Dívidas, mas com uma diferença: em vez de colocar as dívidas na ordem da taxa de juros, você as organiza do menor saldo devedor para o maior. Siga o restante das etapas da mesma maneira.

Com a abordagem da Bola de Neve, seu primeiro momento de comemoração virá muito mais cedo, porque você pagará o menor saldo primeiro, e então o próximo. A ideia aqui é manter a motivação com estímulos positivos mais constantes para o nosso cérebro, garantindo a continuidade do plano em longo prazo.

A desvantagem desse método é que ele não reduz os pagamentos de juros na mesma medida que o Método Avalanche de Dívidas, portanto você provavelmente pagará mais.

Então, qual é o melhor método? Em última análise, essa será uma decisão sua. Qual método motiva mais o início da sua liberdade?

Como já disse, eu não gosto de pagar juros mais do que o absolutamente necessário; gosto de ganhar, portanto geralmente recomendo o Método Avalanche de Dívidas. Mas se o Método Bola de Neve é mais motivador para você, pronto! O importante é você começar a quitar essas dívidas, uma de cada vez, dando o primeiro passo para uma nova relação com o dinheiro.

Planejamento financeiro

De quanto você precisa para ser feliz? O meu planejamento começou a partir do momento em que eu descobri quanto custava o estilo de vida que eu queria levar.

Eu tenho meus sonhos e preciso de "x" por mês, e esse "x" eu vou buscar. Como? Com um projeto de vida (carreira) e investimentos em produtos financeiros.

Então é importante que você seja bem realista aqui.

Vamos lá?

> **Quanto você tem de renda mensal? Coloque aqui!**
>
> _____

Quanto você tem de despesa mensal?

Para fazer esse exercício, esteja com seus **seis últimos extratos bancários** e **faturas de cartões de crédito** em mãos.

Cada despesa deve ser classificada em uma das categorias abaixo:

> **"E"** ao lado dos itens que forem essenciais
> **"S"** para os supérfluos
> **"D"** para aquilo que você acha que desperdiçou

Essencial é o que não tem escolha, você tem que pagar e pronto, como escola das crianças, condomínio, contas da casa.

Supérfluo é aquilo que traz benefícios e bem-estar, como cinema, restaurante, Netflix, compras que causam alegria. Ou seja, diversão. Se você gosta de comer fora todas as noites, por exemplo, isso precisa ser incluído. Independência financeira significa ter dinheiro para viver como a gente quer, não basta ter o suficiente para sobreviver. Independência financeira não significa viver abaixo das suas possibilidades.

Desperdício é aquilo que você gasta e não lhe causa benefício nenhum, como juros, tarifas, compras que não têm uso, aplicativos e assinaturas de plataformas de _streaming_ que você esqueceu que tem.

Além disso, diminua o que for possível, se estiver endividada ou não sobrar nada da sua renda, baixe um pouco o seu padrão de vida para colocar a casa em ordem; a intenção aqui é tirar você o quanto antes das estatísticas: de quatro mulheres, três serão pobres após os 65 anos. Isso não assusta você?

Então, faça uma lista de todas as suas despesas. Tudo!

Nos próximos meses, tente viver dentro destes potes:

> **ESSENCIAL:** deve comprometer até 50% do seu orçamento se você não paga aluguel, ou 60% caso pague aluguel.
>
> **SUPÉRFLUO:** deve comprometer até 30% do seu orçamento.
>
> **DESPERDÍCIO:** tudo que tiver D deverá virar **INVESTIMENTO.**

Pague seu EU do futuro primeiro

O pote do *desperdício*, que se tornará *investimento*, a partir de agora não é mais seu. É do seu EU do futuro.

Existem dois tipos de dinheiro para a mulher independente: um serve para pagar a sua vida atual, e outro pertence ao seu futuro.

Não gosto nem de usar o termo "poupar", ou "guardar", porque essas duas palavras já vêm, implicitamente, carregadas de um significado de sacrifício. E o sacrifício a gente tende a evitar ou procrastinar. Vamos, então, usar o termo AUTOMATIZAR. Não podemos procrastinar o pagamento da nossa conta de luz, senão ela será cortada.

Vamos supor que você queira levar uma vida com R$ 10.000,00 (dez mil reais) por mês. Esse valor, teoricamente, pagaria suas contas e deixaria você confortável para não se submeter a nada por dinheiro.

O ideal, então, é que 20%, ou seja, R$ 2.000,00 (dois mil reais) por mês, pertençam à sua independência.

Esse cálculo pode ser feito com qualquer valor. Qualquer um.

> **Se você quiser viver com R$ 1.500,00 todos os meses, deve investir R$ 300,00 (20%).**

Eu sei que começar retirando 20% do orçamento pode ser impraticável, ainda mais se você estiver endividada. Mas comece hoje com 5% e vá aumentando o percentual a cada três meses, até chegar ao teto de 20% — para, uma vez por mês, comprar produtos financeiros.

O restante servirá para pagar as contas e viver.

É uma mudança da maneira de pensar.

Você não investe o que sobra. Você investe e gasta o restante!

> ~~Receita - Gastos = Poupança~~
> Receita - Investimentos = Gastos

Tenha sempre em mente a pergunta: "O que eu estou fazendo agora importa mais do que minha independência financeira?"
Provavelmente não...

Mulheres que não lucram são desprevenidas e esperam sobrar algum dinheiro para investir.	**Mulheres que lucram são precavidas e se pagam primeiro.**

Já está com os extratos em mãos?
Então vamos preencher:

Pote Essencial

Alimentação_____

Moradia_____

Deslocamentos_____

_____

_____

_____

_____

_____

_____

_____

_____

Pote Supérfluo

Restaurantes_____

Assinaturas_____

Aplicativos_____

Cinemas_____

Viagens_____

_____

_____

_____

_____

_____

_____

_____

Pote Desperdício

Juros_____

Taxas_____

Tarifas_____

Compras feitas e sem uso _____

_____

_____

_____

_____

_____

_____

_____

> **Quanto você tem em investimentos? Dinheiro guardado? Vale o que está embaixo do colchão, no cofre**
>
> Seguros em geral
> Tarifas
> Aplicações financeiras

Aposto que o item mais fácil de lembrar e preencher foi o do investimento. Ou porque você não colocou nada, ou foi simples identificar. Talvez uma poupança, um CDB do seu banco, um consórcio oferecido pelo seu gerente para atingir sua meta mensal (a meta do gerente), um título de capitalização. Enfim, nada favorável para quem quer independência.

A partir de agora, então, tudo que é desperdício vai se tornar investimento.

O próximo passo é planejar seu futuro!

> **A vida dos meus sonhos custaria:**

É importante colocar aqui quanto custaria (por mês) a casa em que você quer morar, o carro que você quer ter, se quiser carro. Os restaurantes que quer frequentar e as viagens que gostaria de fazer.

Assim, você saberá se o que está ganhando hoje financia a vida que quer levar.

Não se esqueça de incluir cursos, capacitações etc.

Daqui a um ano eu quero:

_____

_____

Daqui a dois anos eu quero:

_____

_____

Daqui a cinco anos eu quero:

_____

_____

Daqui a dez anos eu quero:

_____

_____

Para me aposentar, que não é ficar sentada numa cadeira de balanço, mas sim fazer com o meu tempo o que bem entender, eu preciso de:

_____

_____

Quanto custa minha independência?

Muita gente acredita que ser independente financeiramente é não depender de outra pessoa para se sustentar. A verdadeira independência financeira, no entanto, consiste em não depender nem mesmo da venda do seu tempo para obter sustento.

Para saber quanto você precisa para ser independente financeiramente, a primeira coisa é saber quanto você deseja receber mensalmente para sobreviver, e depois saber quanto rende seu capital.

Então vamos fazer alguns cálculos:

> **Determine quanto você deseja ter mensalmente, ou seja, quanto custa a vida que você quer levar?**
>
> $A = R\$$_____

Em seguida, precisamos saber qual é a taxa de juros anual que vamos receber pelos nossos investimentos. Esta taxa de juros é a taxa real, ou seja, já descontando os impostos, taxas e a inflação.

Vamos trabalhar com quatro cenários factíveis: 2%, 3%, 4% e 5% de rentabilidade anual.

> **Para 2% = A x 605**
> **Para 3% = A x 405**
> **Para 4% = A x 305**
> **Para 5% = A x 245**

Exemplo:

> **Você quer ganhar R\$ 5 mil e tem uma boa carteira de investimentos diversificados, que obtém 4% ao ano de rentabilidade?**
>
> **Então você vai precisar de:**
>
> **R\$ 5.000,00 x 305 = R\$ 1.527.305,00**

Ou seja, esse é o valor que você deve acumular para ser independente financeiramente: um milhão, quinhentos e vinte e sete mil e trezentos e cinco reais!

Não há tempo a perder!

Se você começar a guardar dinheiro e comprar produtos financeiros em uma quantidade predeterminada aos 20 anos, e sua amiga o fizer aos 30, aos 65 anos você terá o dobro do valor comparado ao dela. Nunca é cedo para começar, mas quanto mais tarde você o fizer, maior é a quantidade que precisará investir.

Nesse início, porém, não fique pensando no tempo que perdeu, e sim no que precisa fazer imediatamente. Já dizia Shakespeare: "Quem deseja fazer depressa sua fogueira deve começar pelos gravetos".

Veja como é simples!

- **Determine os 20% do seu "eu" futuro. Se não for possível começar com 20%, dê o primeiro passo com 5%.**
- **Programe transferências automáticas do seu banco para sua conta na corretora.**
- **O dinheiro caiu em sua conta na corretora? Maravilha! Agora você tem um shopping de investimentos à sua disposição. É só comprar produtos financeiros.**

Investir os 20% das receitas que você tem hoje vai propiciar a vida que você tem hoje. Já investir 20% do que quer viver darão a você a vida com a qual sempre sonhou. Portanto, aprender a fazer dinheiro é tão importante quanto guardar dinheiro.

Aqui estamos falando do seu plano de independência individual. Eu acho excelente que casais planejem as finanças juntos, mas invistam separados. Lembre-se de que você precisa ter a sua própria reserva de emergência.

Reserva de emergência: é o seu primeiro investimento, aquele dinheiro que precisa estar disponível com facilidade em caso de imprevistos. Por isso, a reserva precisa ser investida nos produtos adequados e deve ser suficiente para cobrir pelo menos três meses do seu custo de vida. Se você é empresária, a lógica é a mesma: pelo menos três meses do custo operacional da sua empresa devem estar na reserva de emergência.

Quando você pensa em sistema financeiro, o que lhe vem à cabeça?

Aversão? Medo? Interesse, mas preguiça?

Quando o assunto é dinheiro, a principal emoção que surge nas mulheres é medo: medo de errar, de perder dinheiro, do que os outros podem pensar. Ao mesmo tempo, um dos maiores medos das mulheres é ficar sem dinheiro. Temos aqui um paradoxo. O que precisamos aprender, então, é não deixar que o medo nos paralise. Enfrentá-lo é importantíssimo para nosso crescimento pessoal.

Mulheres que não lucram não arriscam.	**Mulheres que lucram administram riscos.**

Hoje, quando penso em sistema financeiro, vem somente uma sensação à minha cabeça: liberdade!

Há pessoas que acham que quem trabalha nessa profissão está sentado numa mina de ouro. Quem dera! Na verdade, só é preciso aprender a dominar algumas variáveis. Não todas, mas as que interessam.

Existem vários instrumentos de regulamentação e várias instituições financeiras e bancos aptos a receber o seu dinheiro, então o mais importante é saber quais produtos "comprar".

E tudo isso pode ser feito por você. Vamos ensinar como conseguir nos próximos capítulos.

Mulheres que não lucram têm medo da independência.	**Mulheres que lucram têm medo da dependência.**

Mas é muito difícil...

Não é!

Se você ainda não entendeu que essa dificuldade foi colocada na sua cabeça por séculos de patriarcado, então agora é a hora. Um relatório do Boston Consulting Group, de 2019, revela que as mulheres tendem a investir motivadas por outros objetivos que não apenas a rentabilidade final; e que o volume de recursos em mãos de mulheres deve chegar a US$ 93 trilhões globalmente em 2023, acompanhando o forte crescimento da riqueza sob o poder feminino.

Não é difícil aprender a investir; difícil mesmo é mudar uma cabeça que está cheia de desculpas e autossabotagem.

O meu objetivo é que você aprenda o básico para começar a consumir produtos financeiros. Esse novo pensamento mudará toda a sua forma de olhar para o dinheiro e você passará a agir com outra cabeça — a cabeça de uma mulher livre e independente.

> **Cuide do seu dinheiro, que seu dinheiro cuida de você!**

É mais comum do que imaginamos ver mulheres fantásticas que se acomodaram com a ideia de deixar que o homem pense, tome decisões e LUCRE por elas, como se fossem o anexo de outra pessoa, relegadas a viver à sombra de outra vida.

Mulheres que lucram trabalham pelas suas escolhas e se autorresponsabilizam por suas vidas. Não esperam o mundo mudar para ocupar seu lugar à mesa e tomar decisões. Mulheres que lucram respeitam seus valores e compartilham suas conquistas com as pessoas à sua volta. Elas crescem e contagiam.

Parte 3
Mulheres que lucram com as finanças

Capítulo 9

Tudo que você sempre quis saber sobre investimentos de uma maneira fácil de entender

Dinheiro não se ganha, se faz!

Ao longo deste livro, falamos das muitas diferenças entre a mulher que lucra e a mulher que não lucra. Mas o que de fato separa essas duas mulheres é a ATITUDE. É parar de delegar sua vida financeira, as tomadas de decisões importantes e ter as rédeas do destino nas próprias mãos.

No capítulo 2 nós aprendemos como lucrar na vida profissional, então agora apertem os cintos porque vocês vão aprender tudo que é preciso para cuidar bem do seu dinheiro.

Mulheres que lucram fazem o seguinte:

Tratam o mercado financeiro como se fosse uma imobiliária, só que de produtos financeiros.

Como assim?

A imobiliária é uma empresa que intermedeia a venda e o aluguel de imóveis, certo? O mercado financeiro é da mesma forma, basta substituir os imóveis por produtos financeiros (títulos de crédito, ações, fundos, ETFs etc.). Alguns desses produtos estão à venda e outros estão disponíveis para aluguel; você escolhe o produto que cabe no seu bolso e melhor atende às suas necessidades, assim como faz na hora de escolher uma casa para morar.

COMPRA – VENDA – ALUGUEL

PRODUTOS FINANCEIROS

O mercado financeiro é como o mercado de imóveis: você encontra imóveis para alugar em curto e em longo prazo. Imóveis bons, mas baratos, porque a localização não é tão boa; e imóveis ótimos, mas que precisam de reformas.

Agora vamos substituir os imóveis pelos produtos financeiros. Grave este nome: PRODUTOS FINANCEIROS. São eles que vão garantir sua independência.

Existem produtos financeiros para alugar, são os títulos de dívidas. Eles podem ser emitidos pelo setor privado (empresas) ou pelo setor público (governo). Esses títulos são como um imóvel que o proprietário decide alugar com o objetivo de gerar uma renda mensal. Nos títulos financeiros, o aluguel são os juros.

Os imóveis são alugados mediante condições descritas em um contrato, e o mesmo acontece com os títulos de dívidas: a forma de rentabilidade (juros), o vencimento, as regras e as garantias são informados na plataforma de investimento no momento da aplicação. Quando um título de dívida vence, você recebe os juros combinados e o dinheiro investido de volta; você não continua sendo dona do título, porque ele venceu, foi encerrado. Pronto! Embolsa o lucro e pode partir para o próximo investimento.

Você deve estar se perguntando: por qual motivo o governo e as empresas emitem esses títulos de dívidas e ainda pagam juros por isso? Simples: o objetivo é captar recursos para financiar projetos, para seus caixas e para fazer crescer suas operações. Na prática, você empresta dinheiro para o governo ou empresa e é remunerado por isso. Sim, é seguro, e mulheres que lucram emprestam dinheiro, elas não pegam emprestado. Recebem juros, não pagam juros.

Voltando à nossa imobiliária, nas operações de compra e venda de produtos financeiros o raciocínio é o mesmo da negociação de um imóvel: se você vende por um preço mais barato do que pagou, tem prejuízo. Se vende mais caro do que o preço pago, tem lucro. Alguém aí se lembrou da compra e venda de ações? Sim, vamos falar melhor sobre isso adiante.

Assim, o mercado financeiro é apenas o ambiente em que estão todos os produtos financeiros, ajudando o governo e as empresas a captarem recursos. Ele une os investidores aos emissores de títulos de dívidas, garantindo segurança nas transações entre compradores ou "locatários" de produtos financeiros, a fim de impulsionar negócios e gerar desenvolvimento econômico.

Vamos entender outros conceitos:

Como já explicado anteriormente, o **juro** é a remuneração que você recebe pelos investimentos em títulos de dívidas e outros investimentos. É o salário do dinheiro, é quanto a sua aplicação vai render.

A **taxa Selic** é a taxa-mãe da economia e dela se originam todas as outras taxas do sistema financeiro. Do cartão de crédito aos investimentos, tudo tem como base a Selic. Ela é definida pelo Banco Central, que utiliza a taxa como instrumento de política monetária.

A **inflação** representa o aumento generalizado de preços na economia de produtos e serviços. Existem diferentes tipos de inflação e também diferentes formas de medi-la; uma delas é o Índice Nacional de Preços ao Consumidor Amplo (IPCA), que com certeza você já ouviu falar.

O **risco** é o grau de incerteza que um investimento tem. Quanto maior o risco, maior é a incerteza e, consequentemente, maiores serão os juros que aquele investimento irá pagar a você e vice-versa; investimentos com risco menor pagam juros também menores.

A **volatilidade** diz respeito às mudanças nos preços de um ativo. As ações, por exemplo, são os ativos mais voláteis entre os investimentos, pois seus preços mudam todos os dias.

A **liquidez** é a capacidade que um ativo tem de ser convertido em dinheiro. Logo, um ativo com alta liquidez é aquele que você pode vender/converter em dinheiro novamente com facilidade e rapidez.

Os **bancos** são instituições financeiras privadas ou públicas que prestam serviços à sociedade, tais como custódia de dinheiro, intermediação de transações financeiras, captação de recursos, oferta de empréstimos, entre outras soluções.

As **plataformas de investimentos**, também conhecidas como **corretoras de valores**, são entidades privadas que intermedeiam a negociação de produtos financeiros. Elas são um agente fundamental na estrutura do mercado financeiro, garantindo a verificação de informações e segurança dos participantes.

O **Banco Central** é uma entidade pertencente ao Sistema Financeiro Nacional, que tem sob a sua responsabilidade a gestão da política econômica do país, ou seja, é responsável pela estabilidade da moeda e por todo o sistema financeiro.

A **Comissão de Valores Mobiliários (CVM)** é uma entidade vinculada ao Ministério da Economia, que tem como princípio básico defender os interesses do investidor e regular o mercado de valores mobiliários, ou seja, todo o mercado de investimentos (emissores de títulos financeiros, investidores, corretoras e outros agentes financeiros) está subordinado às regras da CVM.

Mulheres que não lucram investem somente por bancos.	**Mulheres que lucram** investem por plataformas de investimentos.

Como funcionam as plataformas de investimentos?

Vamos retomar aqui o exemplo da imobiliária. As plataformas de investimentos funcionam como o site da imobiliária, onde você encontra imóveis de diferentes proprietários para aluguel ou venda. Nas plataformas, por sua vez, você tem acesso a produtos financeiros de diferentes empresas e também a produtos emitidos pelo governo. Assim, consegue comparar melhor as opções disponíveis e que podem colocar você mais perto dos seus sonhos e metas financeiras.

O banco também é uma plataforma de investimentos? Não! Embora possa oferecer produtos financeiros para investimento, o banco é como aquele corretor que só lhe mostra as casas que estão sob os cuidados dele. Aliás, não há nada de errado nisso, mas você precisa ter ciência de que o banco irá lhe apresentar apenas os seus próprios produtos financeiros e não as variadas opções disponíveis no mercado.

As plataformas de investimentos, por sua vez, apenas intermedeiam as transações, ofertam os produtos e, graças à tecnologia, fazem tudo isso de forma digital. Assim, on-line, você escolhe exatamente o que está procurando, com melhor preço, de acordo com suas necessidades, e o produto passa a compor a sua carteira de investimentos.

Diferentemente dos objetos que desgastam com o passar do tempo, os produtos financeiros são ativos que podem se multiplicar no decorrer dos anos. Se você comprar um produto financeiro que custa o preço de um par de sapatos, nos próximos dez anos poderá ter o dobro, o triplo ou mais daquele valor. É por isso que os produtos financeiros são essenciais para a nossa independência financeira. Eles multiplicam o nosso capital ao longo do tempo, diferentemente daquelas peças de roupas que compramos em liquidação e tornam-se velhas a cada lavagem.

Os produtos financeiros são ativos porque preservam e aumentam nosso patrimônio ao longo do tempo. Já os passivos são os produtos ou bens que geram despesas financeiras e se deterioram ao longo do tempo. **Mulheres que lucram conseguem diferenciar ativos e passivos!**

Como adquirir ativos? Nas plataformas de investimentos. Nelas você encontra produtos financeiros de diferentes emissores, compara-os e toma decisões que colocam suas atitudes em sintonia com os seus sonhos e objetivos.

> **Pronto, você acaba de saber o que é uma plataforma de investimentos: é um *marketplace* de produtos financeiros.**

Nos Estados Unidos, segundo a Associação Brasileira das Entidades dos Mercados Financeiro e de Capitais (Anbima), 95% do patrimônio dos investidores está fora dos bancos. Por aqui, 95% dos investidores estão ainda concentrados nos grandes bancos, mas o cenário está mudando e, com o maior acesso à informação e a melhora substancial no nível de educação financeira dos brasileiros, milhões de investidores têm transferido seu capital para plataformas de investimentos ou outras instituições especializadas em soluções financeiras. Isso lhes garante, entre outras coisas, montar suas carteiras de investimentos com melhores produtos financeiros, além de negociar de forma autônoma, sem sair de casa.

Quais são as vantagens de uma plataforma de investimentos em relação aos bancos?

Variedade de produtos disponíveis. Nas plataformas, os produtos de diferentes bancos e instituições são ofertados.	Maior rentabilidade média.
Custos (bem) menores.	Autonomia e facilidade.

Bancos vendem a ideia de segurança, mas os produtos financeiros ofertados por eles têm as MESMAS garantias dos produtos disponibilizados pelas corretoras, isso porque as garantias nos investimentos estão vinculadas aos produtos e não à instituição que intermedeia a transação. As plataformas de investimentos, como já citado, oferecem produtos de diferentes emissores — e não apenas os seus próprios —, dando mais possibilidades de escolha para quem investe.

Outro diferencial das plataformas é a figura do assessor de investimentos. É um profissional de mercado capacitado para atuar na consultoria e recomendação de produtos financeiros, ajudando o investidor a entender as características, riscos e vantagens de cada ativo. Na grande maioria das corretoras, o apoio do assessor é gratuito. Essa combinação de variedade de produtos e assessoria profissional é apenas um dos fatores que asseguram às plataformas rendimentos líquidos maiores e mais regulares para a sua carteira de ativos.

Acredito ainda que as plataformas de investimentos nos estimulam a sair da zona de conforto financeiro. Não tem gerente de banco dizendo o que fazer com o seu dinheiro. No máximo, poderá discutir os seus objetivos com o assessor e entender quais produtos podem colocar você mais perto de conquistá-los. E só. Nas plataformas, somos incentivadas a buscar conhecimento e a tomar decisões de forma independente. Isso parece algo pequeno, mas o hábito de tomar decisões precisa ser cultivado todos os dias por nós, mulheres, principalmente quando identificamos dificuldade em fazer isso sozinhas. A independência financeira incentiva a nossa independência emocional e vice-versa. Ambas precisam caminhar juntas. É um trabalho em equipe.

O dinheiro é seu, as decisões são suas, capacite-se para tomá-las a seu favor!

Benjamin Franklin é autor de uma frase que tem tudo a ver com as mulheres que lucram: "Investir em conhecimento rende sempre os melhores juros". É por isso que vamos agora retomar e aprofundar alguns conceitos sobre o universo dos investimentos.

Já vimos a importância que os juros compostos têm nos investimentos e no nosso plano de independência financeira. Vimos também que tem uma taxa de juros que é a mãe da economia: **a taxa Selic**.

A Selic é usada pelo governo como uma ferramenta de controle da inflação e estímulo econômico. O Comitê de Política Monetária (Copom) do Banco Central é que determina a meta da taxa Selic em reuniões que acontecem a cada 45 dias.

O raciocínio para entender como a taxa Selic impacta a economia é simples: a Selic, quando está baixa, favorece a tomada de crédito (as pessoas/empresas pegam mais dinheiro emprestado), já que os juros ficam mais baixos. Com mais dinheiro circulando, o consumo da população aumenta e a economia é aquecida. Já a Selic alta eleva também os juros para o crédito, diminuindo, consequentemente, a circulação de dinheiro e o consumo das pessoas, contribuindo para baixar a inflação (as pessoas e empresas preferem deixar o dinheiro parado e receber juros altos em vez de colocá-lo na economia real).

- **Selic baixa** > Aumenta a procura por crédito e aquece a economia.

- **Selic alta** > Diminui a procura por crédito e ajuda a controlar a inflação.

Assim, a taxa Selic é um instrumento do Banco Central para estimular a economia e controlar a inflação, mas ela também impacta diretamente os investimentos que têm rentabilidade atrelada a ela. E quais são esses investimentos? Todos que rendem um percentual (%) do CDI (Certificado de Depósito Interbancário) são vinculados à Selic.

Veja no QR code uma simulação de como a Selic impacta os investimentos atrelados ao CDI:

Como funciona o CDI?

Os bancos não podem encerrar suas operações diárias com saldo negativo em conta. Há bancos que recebem mais saques, outros, mais depósitos e, ao fim do dia, o banco que recebeu mais dinheiro empresta para o que ficou negativo ou financia sua posição de títulos públicos com o Banco Central (BC), recebendo ou pagando a taxa Selic *(overnight)* por esse "empréstimo do dia".

Essa é uma exigência do Banco Central para garantir liquidez ao sistema bancário nacional. Assim, para atender a essa determinação, os bancos emprestam dinheiro entre si diariamente e praticam uma taxa de juros para remunerar esses empréstimos. Cada um desses empréstimos entre os bancos resulta na emissão de um Certificado de Depósito Interbancário, o CDI.

A média de todas essas operações (CDIs emitidos) entre os bancos é usada para calcular a taxa DI, popularmente chamada de CDI.

Logo, toda vez que você encontrar na plataforma de investimentos um produto que rende um percentual do CDI, saberá que o seu investimento vai render um percentual da taxa DI. A taxa DI, por sua vez, segue sempre a taxa Selic; elas são como irmãs gêmeas e inseparáveis.

Renda fixa

A renda fixa (RF) é o alicerce do seu patrimônio. O seu investimento, neste caso um título de dívida, irá render juros sobre o produto em que você investiu. Na renda fixa, a rentabilidade é definida no ato da contratação.

Você já viu como funcionam os títulos de dívidas: você empresta o dinheiro por um determinado prazo e recebe juros.

O título de dívida é um "documento" emitido pelo governo, por bancos, financeiras ou por empresas reconhecendo o empréstimo feito por você.

Foi na renda fixa que eu conheci o "cara" que mudou a minha vida, que fez e faz valer a pena eu me apaixonar. Chama-se juros compostos! Ele é poliamor, e tenho certeza de que, ao colocá-lo em sua vida, tudo será diferente.

Para você entender por que ele é tão mágico:

- Imagine que você investiu R$ 1.000,00 em um título de renda fixa com rentabilidade de 0,5% ao mês.

- No fim do primeiro mês, você terá em rentabilidade bruta (sem descontar taxas e impostos) o total de R$ 5,00. Somando com o valor investido inicialmente, você terá R$ 1.005,00 (R$ 1.000,00 foi o valor que você investiu + R$ 5,00 — o valor dos juros do primeiro mês).

- No segundo mês, os juros serão calculados em cima de R$ 1.005,00 e não a partir do valor inicial. Logo, todos os meses o seu capital aumenta em relação ao mês anterior. Esse é o poder dos juros sobre juros, o meu amado juros compostos. Ele aumenta o seu capital ao longo do tempo sem que você trabalhe por isso.

Esse cara não decepciona você, não engana, não faz promessa falsa. Ele é o sonho de toda mulher independente. Ele é a chave que abre a porta dos nossos sonhos.

Vamos voltar para a renda fixa e suas principais formas de remuneração:

Prefixado: rendimento bruto de 5%, 7% ou 10% ao ano, por exemplo, de acordo com a taxa de juros determinada para o ativo. A rentabilidade é sempre fixa.

Pós-fixado: a rentabilidade bruta da aplicação será igual ao percentual do CDI contratado na data da aplicação (99% do CDI, 100% do CDI, 133% do CDI e por aí vai). A rentabilidade sempre varia conforme o indexador. Logo, se o CDI, por exemplo, acumular variação de 5% em um determinado ano (e se esse indicador estiver atrelado ao seu investimento) e você tiver uma rentabilidade contratada de 100% do CDI, o seu retorno bruto será de 5% naquele ano.

Híbrido: IPCA + 4% ao ano, por exemplo. Combina as duas formas de rentabilidade. Uma parte da rentabilidade é fixa e a outra acompanha um indexador.

Tanto os prefixados quanto os pós-fixados — até mesmo os títulos públicos — têm volatilidade até o vencimento. Ou seja, você deve respeitar o prazo acordado na hora da compra. Se precisar retirar o seu dinheiro antes do vencimento, você receberá o que o mercado quer pagar de acordo com as expectativas econômicas. Essa variação dos preços em renda fixa é conhecida como marcação a mercado.

A marcação a mercado consiste na atualização do valor de um produto pelo seu preço de mercado, ou seja, todo dia o preço muda. Basicamente, a marcação a mercado permite que você saiba quanto receberia hoje se vendesse um título. Portanto, os títulos de renda fixa que você tem na sua carteira são marcados a mercado. Isto é, o valor que você investiu neles é atualizado conforme o preço do título a cada dia.

De olho na inflação e nos riscos

Outra palavrinha importante é **inflação**. O aumento ou diminuição da inflação se dá por diversos fatores, como a lei da oferta e da procura (quando a demanda é maior do que a oferta, por exemplo, os preços tendem a subir), o aumento nos custos de produção, a emissão de papel moeda etc.

O que a inflação tem a ver com os seus investimentos? Tudo! A inflação irá consumir a rentabilidade dos seus ativos. Logo, acompanhar as perspectivas para a inflação é fundamental antes de realizar uma aplicação financeira. Você não vai querer investir em um título financeiro com rentabilidade bruta de 5% ao ano, se as expectativas para a inflação no mesmo período são de 6% ao ano.

Inflação baixa: o ideal é escolher um título prefixado, já que a necessidade de se proteger da inflação está menor.

Inflação alta: o ideal é procurar por ativos que ofereçam proteção para o seu dinheiro, como os pós-fixados e híbridos.

A inflação impacta diretamente o poder de compra do seu dinheiro, então é preciso levar em conta a rentabilidade líquida de cada investimento, que é quanto o seu dinheiro rende já descontados a inflação, os impostos e as taxas.

Rentabilidade bruta: é quanto o seu dinheiro rende sem descontar os impostos (quando for o caso) e as taxas.

Rentabilidade líquida: é quanto o seu dinheiro rende já descontados os impostos (quando for o caso) e as taxas.

> **Importante:** na renda fixa existem produtos que são isentos de cobrança de imposto de renda, como os CRIs, CRAs, LCIs e LCAs — tem também a velha e conhecida poupança.

Não apenas a inflação, mas também o prazo (vencimento) do seu investimento é importante. Quanto mais longo o prazo de um título de dívida, maior é o risco a que o seu dinheiro está exposto (risco de a inflação subir, risco de uma crise econômica etc.). Esse conjunto de riscos é conhecido como **Risco de Mercado**.

O risco de mercado está diretamente atrelado à possibilidade de mudanças na política monetária, na inflação, na taxa de juros e em outros indexadores da economia. Logo, é algo que pode afetar diretamente a rentabilidade dos seus investimentos e está fora do nosso controle. Por isso, os investimentos com prazos mais longos precisam pagar juros mais altos pelo seu dinheiro.

Existe também o **Risco de Liquidez**, que diz respeito às chances de você tentar vender o título antes do vencimento e não encontrar compradores. Em geral, esse risco é maior em títulos com vencimentos mais longos. No risco de liquidez, você pode não encontrar compradores, ou encontrar apenas compradores pagando um preço muito abaixo (deságio) pelo seu título.

Mas os riscos não são totalmente negativos. Quando tomados de forma consciente e planejada, eles nos colocam mais perto dos nossos objetivos financeiros: estes são os **Riscos de Oportunidade**.

Como assim? Você não precisa sempre escolher os títulos híbridos por medo do que pode acontecer com a inflação no futuro. Adaptar a estratégia a produtos de curto prazo e aproveitar opções de boa rentabilidade é o que chamo de risco de oportunidade. Vou explicar melhor como isso funciona na prática:

- Imagine que você investiu em um título com remuneração prefixada em 6% ao ano e vencimento para 1.800 dias.

- Se nesse período (1.800 dias) a inflação ficar acima ou muito próxima de 6% ao ano, significa que você perdeu dinheiro ou que a sua rentabilidade foi muito baixa.

- Nesse caso, em vez de esperar os 1.800 dias do vencimento, você pode vender seu título antes do prazo. As condições dessa venda, no entanto, irão depender do mercado. Como assim? Existe a possibilidade de você negociar (vender) o seu título com lucros ou perdas no mercado secundário em caso de venda antecipada. Assim, caso você escolha vender seu título antes do vencimento, corre o risco de ter um deságio (perda) se o preço de negociação estiver abaixo do que você pagou inicialmente. No entanto, apesar da possibilidade de perda na venda, você aproveitou, por um período, a rentabilidade de 6% ao ano que utilizamos como exemplo. Se o deságio na venda for menor do que os ganhos recebidos (6% ao ano), valeu a pena tomar o risco e fazer a venda antecipada.

Como vocês podem ver, com bons ativos, o seu maior risco é o de perder oportunidades de rentabilidade, e mulheres que lucram não perdem boas oportunidades.

| **Mulheres que não lucram têm medo de correr riscos.** | **Mulheres que lucram estudam os riscos e os tomam sob medida.** |

Os micos do mercado financeiro

Poupança, títulos de capitalização e consórcio: eu gosto de chamá-los de trio fantasma ou compará-los àqueles produtos que prometem eliminar a celulite em uma semana ou perder cinco quilos sem dieta nem exercícios.

Para explicar, vou começar pela popular caderneta de poupança. Em primeiro lugar, ela rende apenas uma vez por mês, no aniversário da poupança. Logo, se você sacar uma quantia da poupança antes do aniversário, perde toda a rentabilidade daquele mês.

Existem duas formas de calcular a rentabilidade da caderneta no Brasil: pela poupança nova e pela poupança antiga. A nova equivale a todos os depósitos realizados a partir de 4 de maio de 2012, e a antiga refere-se a todos os depósitos anteriores a essa data.

- **Poupança antiga:** rentabilidade fixa — 0,5% ao mês + Taxa Referencial (TR).

- **Poupança nova:** quando a taxa Selic é igual ou inferior a 8,5%, a rentabilidade é de 70% da Selic + a Taxa Referencial (TR). Quando a taxa Selic é superior a 8,5%, a poupança paga 0,5% ao mês + a Taxa Referencial (TR).

Logo, pela nova regra, os depósitos na poupança nova rendem TR + 70% da taxa Selic. No momento em que este livro é escrito, a TR é igual a zero e a Selic está em 2% ao ano. Assim:

$$TR (0) + 70\% \text{ de } 2\% = 1,40\% \text{ ao ano, ou } 0,11\% \text{ ao mês}$$

Um rendimento de 1,40% ao ano perde fácil para a inflação. É por isso que a poupança (nova) não coloca você perto dos seus sonhos.

Mas atenção: se você tem recursos na poupança antiga (depositados antes de 4 de maio de 2012), não saque. O cálculo, como vimos, é outro e a rentabilidade pode ser muito atraente, pois depende dos patamares da Selic. Por isso, acompanhar as mudanças na taxa Selic e relacionar as projeções para a inflação é o que separa as mulheres que lucram das que não lucram.

Já o título de capitalização é uma combinação de poupança com loteria. Pior que isso, só mesmo dívida no cheque especial. Mas muita gente ainda cai no conto do título de capitalização porque foi a única forma que encontrou de guardar dinheiro, já que os bancos, em geral, condicionam a oferta desse produto ao débito automático em conta. Antes de mais nada, vale lembrar que você pode programar transferências automáticas da sua conta-corrente para a conta na corretora da mesma forma, ou seja, a facilidade de automatizar não é uma justificativa válida.

Os títulos de capitalização têm ainda problemas que eu considero ainda mais críticos: uma parte das aplicações é destinada à cobertura de taxas e a custos com sorteios. Você está pagando para participar de sorteios!

Mulheres que lucram não contam com o acaso em sua vida financeira: elas planejam e definem o seu futuro. Mas ainda não acabou. Esses títulos não têm liquidez para resgate; isso quer dizer que se você precisar sacar os recursos antes do vencimento, terá que esperar o prazo de carência e, depois disso, ainda não receberá 100% do valor aplicado. Portanto, se você tem um título de capitalização, recomendo cancelar hoje mesmo.

Vamos ao terceiro membro do trio fantasma: o consórcio. O Brasil é um dos poucos países do mundo com essa modalidade de "investimento", um produto que reúne muitas pessoas sem educação financeira para doar dinheiro aos bancos. A diferença é que você ainda paga por ele. Ou seja, é um suicídio financeiro duplo. A não ser que você acredite que os bancos são entidades filantrópicas e que precisam de dinheiro, recomendo que saia dessa cilada.

Eu sei que a casa própria ou um carro zero é o sonho de muita gente, mas veja só:

Imagine um consórcio de R$ 120 mil para compra de um imóvel com duração de dez anos, ou seja, 120 parcelas de R$ 1.000,00. No grupo estão você e mais 119 pessoas que farão os mesmos aportes todos os meses.

Assim, todo mês há R$ 120 mil disponível para a compra de um imóvel. Quem leva o imóvel naquele mês? Um sorteio irá decidir. Você estará refém da sorte por dez anos. Nesse período, as parcelas podem ser corrigidas conforme a inflação e, caso você queira sair do consórcio, precisará encontrar um comprador para a sua carta de crédito, já que não é possível desistir no meio do caminho. Tudo isso, claro, sem falar nas taxas cobradas pela administração do consórcio.

Você está pagando altíssimas taxas para alguém administrar o seu dinheiro por um período, não tem liquidez (não pode sacar o dinheiro quando quer) e ainda pode ter as parcelas reajustadas pela inflação, enquanto poderia deixar esse mesmo dinheiro da parcela trabalhando por você em um título de dívida ou em outros investimentos.

O que faz tanta gente embarcar nesse trio fantasma? **Desconhecimento e indisciplina.**

Mulheres que lucram também têm insegurança, mas são prevenidas.

A mulher que lucra sabe que a vida é cheia de imprevistos, mas não espera o acaso bater à sua porta para lamentar-se da vida. Por isso, ela tem um seguro de vida. Esse é um conselho especialmente válido para as mulheres que tornaram-se mães ou têm outros dependentes financeiros: nesse caso, ter uma camada extra de cobertura é fundamental.

A boa notícia é que você pode construir uma apólice de acordo com as suas necessidades, já que os seguros de vida estão cada vez mais flexíveis e personalizados. Logo, é possível incluir no seu seguro de vida cobertura para reparos domésticos, doenças graves, situações de desemprego e até mesmo garantias para incidentes com familiares. As possibilidades são muitas, e com uma boa pesquisa você encontrará opções que podem tornar a sua vida mais fácil e segura.

Logicamente o custo da apólice irá variar conforme a cobertura contratada, mas hoje em dia é possível ter cobertura para morte, por exemplo, ao custo de R$ 30,00 ao mês, ou seja, é possível se planejar para incluir esse valor nas suas despesas mensais (não nos seus investimentos).

Outro ponto fundamental para a mulher que lucra é cuidar da aposentadoria, seja via fundo de previdência privada, seja pela previdência pública.

A aposentadoria não pode ser deixada como um problema para resolver no futuro; ela tem que fazer parte dos seus planos. Eu recomendo que você não deixe a previdência pública* de lado, mesmo que tenha uma previdência privada.

> *A previdência pública deve ser feita inclusive se você for autônoma, empresária, esposa, mãe ou herdeira. Enfim, é para todas as mulheres. É um investimento inteligente e de baixo custo, pois garante um fluxo de caixa até o final de sua vida. Vale lembrar que não podemos prever quanto tempo vamos de fato viver.

Antes de fazer uma previdência privada, atenção: os fundos de previdência privada são boas opções apenas em casos muito específicos. Como assim?

Eu recomendo os fundos de previdência privada nos seguintes casos:

- Para quem faz a declaração completa do Imposto de Renda, pois é possível deduzir da contribuição anual.

- No planejamento sucessório, antecipando a transferência dos bens para os filhos.

- Para quem deseja aplicar recursos sem cogitar sacá-los em menos de dez anos, já que a carga tributária para períodos inferiores é bem elevada.

Se você se encaixa nos exemplos citados ou se, apesar das ponderações apresentadas, acredita que faz sentido colocar esse produto na sua carteira, recomendo cuidado para não cair nas pegadinhas do mercado tradicional: os fundos de previdência dos grandes bancos.

Esses produtos, em geral, são os verdadeiros micos do mercado financeiro, com muitas taxas, baixa rentabilidade e sem preocupação com seu plano de independência financeira. Por isso, se quiser um fundo de previdência, busque por produtos em uma plataforma de investimentos.

Mas é seguro investir?

Esse é o maior medo de quem nunca investiu. E se meu dinheiro sumir? E se me roubarem? E se a instituição onde eu investi falir?

Primeiro, é importante dizer que o Sistema Financeiro Nacional do Brasil é um dos mais seguros do mundo. Existe no mercado financeiro uma espécie de mãe, chamada **CMN** (Conselho Monetário Nacional).

Essa mãe, que comanda tudo, teve dois filhos: um filho chamado **Banco Central** e uma filha chamada **CVM** (Comissão de Valores Mobiliários).

Tanto o Bacen quanto a CVM tiveram mais um montão de filhos. Os filhos do Bacen são todos os bancos comerciais (públicos e privados) que você conhece e, se tem conta em banco, está em algum deles. Isso vale também para os bancos digitais. Esses são os filhos caçulas.

Já as filhas da CVM são todas as plataformas de investimentos (corretoras de valores).

CMN	
BACEN	**CVM**
Bancos comerciais e digitais	**Plataformas e corretoras de investimentos**

Isso significa que todas as garantias oferecidas no mercado financeiro servem para todas as instituições do sistema.

Então, qual é a diferença?

Nos bancos, você só tem os produtos daquela instituição, ou seja, uma única marca. Taxas mais altas. E fica à mercê da opinião de seu gerente.	**Nas plataformas, você terá acesso a produtos financeiros de várias marcas, mais opções com melhores rentabilidades e taxas bem mais baixas.**

Entre os produtos existem diferentes níveis de riscos e garantias. Os produtos mais seguros do mercado, por exemplo, são os títulos de dívida emitidos pelo governo federal, popularmente conhecidos como títulos do Tesouro Direto, que têm garantia soberana.

Na sequência estão os títulos cobertos pelo Fundo Garantidor de Créditos (FGC), e depois os produtos com garantias oferecidas pelos próprios emissores.

> **A segurança não está nas plataformas nem nos bancos, mas nos produtos. Ou seja, apenas se a plataforma de investimentos falir e seu dinheiro estiver na conta-corrente dela — e não investido —, você irá perdê-lo. Já se o dinheiro estiver aplicado, você terá todas as garantias inerentes aos respectivos produtos.**

Agora, responda: qual foi o único investimento confiscado na história recente do país? A poupança. Apenas para recordar, entre as medidas anunciadas pelo Plano Collor I, em março de 1990, estava o bloqueio por 18 meses de 80% de todos os depósitos do *overnight* das contas-correntes e das cadernetas de poupança que ultrapassassem o limite de NCz$ 50 mil (cinquenta mil cruzados novos). Durante esse período, no entanto, os recursos eram remunerados pela taxa de inflação + 6% ao ano.

Onde ainda estão guardados os recursos de boa parte da população? Exatamente: na poupança!

> **O Fundo Garantidor de Crédito (FGC) é uma espécie de seguro da renda fixa para alguns títulos financeiros. Portanto, em caso de falência da instituição emissora do título, os ativos são cobertos pelo FGC em até R$ 250 mil por CPF, em no máximo quatro instituições diferentes, no limite de R$ 1 milhão.**

O FGC protege a poupança, mas também oferece cobertura para produtos como o Certificado de Depósito Bancário (CDB), Recibo de Depósito Bancário (RDB), Letra de Crédito Imobiliário (LCI), Letra de Crédito do Agronegócio (LCA), Letra de Câmbio (LC), Letra Financeira (LF) e Letra Hipotecária (LH). Logo, todos esses produtos financeiros têm as mesmas garantias que a poupança, só que podem render muito mais.

> **Não esqueça:** as garantias estão nos produtos, não nas instituições!

Portanto, quando você for avaliar se um investimento é seguro, olhe as garantias do produto financeiro específico, bem como o *rating* (classificação de risco) do emissor. Todas essas informações estão no prospecto do título, um documento disponibilizado pelas plataformas de investimentos, onde você encontra tudo de forma simples e resumida. Se tiver dúvida, não hesite em consultar sua assessoria de investimentos antes da compra.

Vamos ver agora quais são as garantias de cada produto. De cima para baixo, conforme o nível de segurança das garantias:

Garantia do Tesouro Nacional (mais seguro que a poupança)	Títulos Públicos (Tesouro Direto)
Garantia do Fundo Garantidor de Créditos (FGC) Produtos bancarizados	Certificado de Depósito Bancário (CDB), Recibo de Depósito Bancário (RDB), Letra de Crédito Imobiliário (LCI), Letra de Crédito do Agronegócio (LCA), Letra de Câmbio (LC), Letra Financeira (LF) e Letra Hipotecária (LH)
Garantia do Emissor Produtos desbancarizados	Debêntures, Certificado de Recebíveis Imobiliários (CRI), Certificado de Recebíveis do Agronegócio (CRA)
Outras garantias	Fundos de Investimento em Direitos Creditórios (FIDCs) — a garantia é fornecida pelo sacado e não pelo cedente

Funcionamento das garantias

Tesouro Nacional	100% dos recursos aplicados têm garantia soberana do governo federal
FGC	Garantia de cobertura de até R$ 250 mil por CPF em até quatro instituições financeiras, com limite de R$ 1 milhão
Emissor	Para as debêntures, as garantias são registradas em cartório e fornecidas pela empresa emissora do título. Já para os CRIs e CRAs, as garantias são fornecidas pelos tomadores de crédito e podem ser imóveis, maquinários ou produtos agrícolas que sejam objetos da operação de empréstimo
FIDCs	Garantias reais, avais e fianças fornecidas pelo emissor do título. Ou seja, estão atreladas ao lastro de recebíveis e dependem da capacidade de pagamento desses recebíveis

Embora os títulos emitidos pelo Tesouro Nacional sejam os mais seguros do mercado, isso não significa que os demais títulos de renda fixa sejam muito arriscados. Eles só têm mais riscos do que o Tesouro Direto e, por isso, também podem oferecer uma melhor remuneração pelo seu dinheiro investido.

Uma das estratégias mais difundidas no mercado para minimizar o risco de perdas financeiras é a **diversificação dos investimentos**. Vamos falar adiante sobre isso com detalhes, mas, na prática, diversificar significa não alocar todos os seus recursos em um único investimento.

Se você tem, por exemplo, R$ 10 mil para investir, o recomendável é que você divida esse dinheiro em diferentes produtos financeiros, com diferentes tipos de risco e rentabilidades.

É óbvio que, no início, a diversificação dos seus investimentos será menor, e tudo bem. Se você vai começar a investir agora com aportes de R$ 200,00 todos os meses, não precisa se preocupar em dividir esse valor em vários investimentos logo no início, até porque, como já sabemos, o primeiro investimento é sempre a reserva de emergências. A diversificação da sua carteira de ativos pode ser construída em etapas.

Rating do emissor

Nós checamos a classificação de um restaurante antes de sair de casa, checamos as recomendações de hotéis, por que não vamos checar a classificação atrelada aos nossos investimentos? É para isso que serve o rating do emissor de um título.

Os ratings são avaliações de crédito realizadas de forma independente por agências de classificação de riscos, como a Moody's, a Fitch Ratings e a Standard & Poor's (S&P). Os ratings emitidos por essas agências de risco globais variam de AAA (nota mais alta) até D (nota mais baixa). Logo, quanto maior o rating, menores são as chances de calote do emissor.

Ao escolher debêntures, CRIs e CRAs com bons ratings de crédito, você pode conseguir rentabilidades atrativas, sem todo o risco de mercado inerente à renda variável.

É muito comum, no entanto, encontrar títulos de bons emissores sem rating. Isso acontece porque o emissor escolheu não se submeter a uma avaliação de crédito por meio das agências de riscos, já que essa avaliação tem um custo. Isso significa que você pode encontrar títulos de bons emissores sem rating. Logo, o cuidado nesses casos deve ser redobrado. Peça ao assessor de investimentos da corretora para tirar dúvidas sobre o título e emissor.

Outro dado importante é que a concentração bancária no Brasil é uma das maiores do mundo. A concentração é grande, mas os gigantes não são os únicos e, por isso, talvez você nunca tenha ouvido falar sobre 90% dos bancos ou instituições financeiras que existem no país, então não precisa ter medo de investir em produtos de renda fixa porque não conhece o banco ou outro emissor. Até porque a garantia está nos produtos.

Ainda na renda fixa existem os **Fundos**, que são como "vaquinhas" para investir nos produtos já citados. Sim, os fundos juntam os recursos de várias pessoas e/ou empresas e investem em todos ou em parte daqueles produtos citados anteriormente, conforme cada estratégia.

O lado positivo dos fundos é que você diversifica a sua carteira de forma automática, já que o fundo vai investir em vários produtos financeiros diferentes. Como assim? Em um mesmo fundo você pode investir em debêntures, Tesouro Direto, CRAs e outros títulos emitidos por diferentes empresas ou bancos, além de outros produtos que estejam no portfólio do fundo.

Os fundos podem ser só de renda fixa ou podem combinar renda fixa com renda variável em sua estratégia; estes são conhecidos como multimercado.

Os fundos contam também com gestão profissional. Isso significa que você não precisa quebrar a cabeça escolhendo os produtos, basta escolher com cuidado o fundo e, é claro, acompanhar as decisões e estratégias adotadas pelo gestor. Como fazer isso? Os fundos emitem relatórios mensais e os gestores produzem cartas destinadas aos cotistas, a fim de explicar por que determinadas escolhas foram feitas. O gestor do fundo é como o síndico de um condomínio, e as cartas e relatórios são a prestação de contas sobre os investimentos feitos pelo fundo.

É de graça? Claro que não! Os fundos cobram taxas que podem ser de administração, performance ou entrada e saída (ingresso e resgate), então vale sempre checar com atenção as taxas praticadas por um fundo antes de investir.

Com o amadurecimento do mercado de capitais brasileiro, já encontramos fundos de renda fixa isentos de cobrança de algumas taxas, mas eu, particularmente, não acredito em almoço grátis, por isso recomendo cuidado.

Como saber as taxas cobradas em produtos que o fundo investe? Todas essas informações estão disponíveis na **lâmina do fundo**, um documento que reúne todas as informações importantes para o investidor.

Veja a seguir a lâmina de um fundo de renda fixa e entenda onde encontrar as principais informações antes de investir:

E as tarifas?

Plataformas sem tarifa, como eu disse, não têm a minha simpatia pelo simples fato de que nada é 100% grátis nos negócios, que dirá no mercado financeiro. Se alguém lhe oferece algo sem custo é porque encontrou outra forma de rentabilizar aquela operação. Desconfie das gratuidades no mercado financeiro. Eu prezo sempre pela qualidade, sem deixar de avaliar os produtos.

Lembre-se de que a segurança é a mesma em todas as plataformas de investimentos. Só não deixe o dinheiro parado na conta da corretora nem na conta-corrente do seu banco. Sempre deixe aplicado em algum produto.

Eu já usei inúmeras plataformas; escolha a que mais se adapte às suas necessidades. Usar várias plataformas ao mesmo tempo pode complicar a gestão dos seus recursos, portanto escolha uma e seja fiel a ela. Eu prefiro as mais simples, fáceis de usar, que tenham excelentes produtos e com custo baixo. Costumamos ter experiências ruins na hora de investir em plataformas gratuitas. Não gosto delas, pois não oferecem boas análises, nem as melhores soluções.

Para comparar as taxas cobradas pelas principais plataformas, basta acessar este QR code:

A qualquer momento, você também pode pedir portabilidade de uma plataforma de investimentos para outra, sem precisar vender seus produtos. É um processo rápido e fácil, disponível para a grande maioria dos produtos financeiros.

Eu faço tudo pelo celular. Mesmo sendo pequenos, minha filha Lara faz pelo tablet, e meu filho Luca pelo celular. É fácil mesmo, é só baixar o aplicativo da corretora escolhida e pronto!

Fique atenta aos prazos!

O importante é começar ontem. Tudo bem que você não teve educação financeira desde cedo. Tudo bem que até agora seu dinheiro esteja na poupança. Tudo bem que você ainda não tem praticamente nenhuma reserva financeira. Porém, não ficará tudo bem com seu "eu" futuro se você continuar ignorando essas informações.

Isso porque, tanto para a vida quanto para os investimentos, nosso maior ativo é o tempo, não o dinheiro.

E o tempo, ou nesse caso o prazo atrelado a cada produto financeiro no seu portfólio de investimentos, faz grande diferença na rentabilidade que você vai obter.

Nunca compre um produto financeiro sem saber se você pode mantê-lo investido até o prazo do vencimento acordado.

Lembre-se, você está na renda fixa num processo similar ao funcionamento de uma imobiliária. O que ocorre se você alugar um imóvel e quiser entregá-lo antes do tempo?

Terá implicações contratuais, como multas, taxas, entre outros. O mesmo acontece quando você aluga produtos financeiros.

> **Quanto mais tempo o seu dinheiro ficar investido, maior é a remuneração.**

Caso você saque antes do vencimento, irá receber o que o mercado quer pagar de acordo com as expectativas econômicas. Já falamos sobre isso neste livro.

Por isso, é fundamental saber por quanto tempo você deseja investir os seus recursos e qual é a sua meta com a aplicação.

> **Em cenários de grande incerteza, o ideal é apostar em produtos de prazos menores e adequar a estratégia ao longo do tempo.**

Na hora de escolher um título de renda fixa, a regra é sempre comparar investimentos com o mesmo prazo. Não adianta, por exemplo, comparar um CDB de 730 dias com outro de 1.800 dias. Só é possível comparar ativos com o mesmo prazo, pois o tempo do empréstimo do seu dinheiro irá interferir nos juros que lhe são oferecidos. Quanto maior o tempo, maiores devem ser os juros.

> **Curto Prazo > Aplicações de até 2 anos**
> **Médio Prazo > Aplicações entre 2 e 5 anos**
> **Longo Prazo > Aplicações acima de 5 anos**

Bem, agora que já entendemos o significado e a importância da renda fixa, vamos para minha parte preferida: a renda variável!

Renda variável

Ao contrário da renda fixa, a renda variável é uma forma de investir cuja remuneração ou cálculo da rentabilidade não são predefinidos. As **ações** são o exemplo mais clássico dessa aplicação, já que seus preços mudam todos os dias e refletem inúmeras variáveis.

Retomando o exemplo da imobiliária, na renda variável é como se você estivesse comprando o imóvel, que neste caso é um produto financeiro. A operação de compra e venda de um imóvel pode ser comparada com a negociação de ações: você compra ou vende um ativo com lucro ou prejuízo. Na imobiliária, esse ativo é um imóvel; na renda variável, podem ser produtos como uma ação, um ETF ou uma cota em um fundo de investimento.

E por que parece muito mais arriscado investir em renda variável do que em renda fixa?

Imagine que você compra um imóvel numa localização privilegiada. No longo prazo você terá que fazer manutenção no imóvel e é muito provável que seu ativo se valorize substancialmente. Acontece que a percepção desse preço se configura depois de algum tempo.

Suponha que você peça para seu imóvel ser avaliado todos os dias, por diversas pessoas diferentes. Todos levariam em consideração fatos corriqueiros, como a situação da rua em que se encontra o imóvel, a vizinhança, a manutenção do condomínio, o plano diretor da cidade, entre outros. Todos os dias seu imóvel teria um valor diferente, mas se for uma boa propriedade, com boa localização e bases sólidas para se valorizar no médio e longo prazo, ainda será um bom investimento. Logo, as alterações diárias de preço não terão importância no valor do seu imóvel em longo prazo.

É exatamente isso que acontece quando você compra produtos financeiros, ou seja, investe em boas e grandes empresas que fazem parte da renda variável.

Aqui os emissores são, na grande maioria, as empresas, ou seja, você passa a ser sócia delas ou cotista de um fundo. Os principais produtos são:

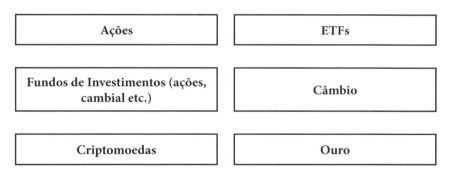

A diferença básica é que, na renda fixa, você empresta dinheiro e recebe juros por isso. É o salário do dinheiro. Na renda variável, você investe na economia real (empresas, moedas, imóveis). Seus ganhos são sobre os resultados que esses ativos obtêm.

A independência financeira está atrelada basicamente à renda variável. O retorno você recebe de várias formas: valorização dos ativos e pagamento de proventos (dividendos e juros sobre capital próprio).

O que é uma ação?

Na renda variável, as ações são os ativos mais populares. A ação representa uma fração do capital de uma empresa, portanto, ao comprar ações de uma companhia, o investidor torna-se sócio dela.

Existem duas categorias de ações: as preferenciais (PN) e as ordinárias (ON). Cada uma diz respeito a um tipo de participação societária. Há também as Units, que unem as ações preferenciais e ordinárias em um mesmo papel. Nas ações ordinárias, o investidor ganha direito a voto nas assembleias de acionistas e, portanto, participa das decisões da empresa. As ações preferenciais, por sua vez, não têm essa característica.

Como saber se a ação que você está comprando é preferencial, ordinária ou unit? Pelo código da ação, também conhecido como *ticker*. O *ticker* é formado por quatro letras e um número, e pode ser encontrado em uma busca rápida no Google ou diretamente no website da B3, a Bolsa de Valores oficial do Brasil.

As ações preferenciais são acompanhadas do número 4, enquanto as ordinárias são acompanhadas do número 3. As units, por sua vez, são acompanhadas do número 11. Veja no exemplo:

Ticker	O que significa?
PETR4	Ação Preferencial (PN) da Petrobras. Oferece preferência no pagamento de dividendos.
PETR3	Ação Ordinária (ON) da Petrobras. Oferece direito a voto nas decisões da companhia.
SANB11	Unit do Santander Brasil. Neste caso, combina 1 ação PN e 1 ação ON da empresa, mas a composição irá variar para cada Unit.

Desde 1999, a B3 permite a negociação de ativos via *home broker*, uma plataforma on-line em que o investidor pode comprar e vender ações de forma prática, digital e autônoma. O acesso ao *home broker* se dá pelas plataformas de investimentos. No *home broker*, não adianta tentar procurar pelo nome da empresa para investir, você precisa saber o *ticker* da empresa que deseja comprar ou vender para submeter uma ordem.

As ações são negociadas normalmente em lotes de 100 unidades. Quanto mais ações você tiver de uma determinada empresa, melhor. Caso você não tenha recursos para comprar o lote padrão (100 unidades), tudo bem. Ainda é possível comprar em menor quantidade no **mercado fracionário.**

No fracionário, você pode comprar entre 1 e 99 ações. Logo, pouco dinheiro não é desculpa para deixar de investir. Na B3, encontramos excelentes empresas negociadas a valores bem acessíveis. Para você ter uma ideia, é possível investir em ações de boas empresas com R$ 10,00.

Apesar da facilidade do mercado fracionário, recomendo que após estudar, analisar e escolher as empresas das quais deseja ser sócia, compre o máximo de ações possível até completar o lote de 100 unidades. Os dividendos, por exemplo, são pagos por cada ação que você possui e não pelo montante de dinheiro investido.

Outra vantagem de adquirir mais ações por cada operação é a diluição do custo com as taxas de corretagem. Se você direcionar, por exemplo, R$ 100,00 em um lote e a plataforma de investimentos cobrar R$ 10,00 na operação, o custo com corretagem será de 10% do seu capital investido, portanto um percentual bem alto. Já se você investir R$ 10 mil e o custo for de R$ 10,00, a perda passa a ser de 0,1%.

Com as ações, além da valorização dos ativos, o investidor pode ainda obter retorno via distribuição de lucros, a depender, obviamente, da empresa registrar lucro em um determinado período.

Por que as empresas abrem o seu capital?

Vamos supor que você montou uma indústria pequena, contratou funcionários e seu produto começou a ser muito desejado. Você tem mais pessoas querendo seu produto do que sua capacidade de produzir. Qual é a saída? Expandir sua empresa. Para isso, obviamente, você precisa de dinheiro.

Muitas empresas, quando chegam a um estágio de crescimento muito avançado, optam por abrir capital, ou seja, destinar um pedaço da empresa para que sócios desconhecidos, que acreditam no modelo de negócio, comprem pedacinhos daquela empresa. Os investidores passam, então, a ser sócios da companhia.

Esse processo de financiamento para que uma empresa possa crescer com dinheiro de sócios desconhecidos é chamado de **IPO** (Oferta Pública Inicial, em tradução livre para o português). Aposto que você já ouviu falar nesse termo. O preço de cada ação da empresa será definido durante o período de reserva desses ativos. A **CVM** (Comissão de Valores Mobiliários) é a instituição que fiscaliza as empresas e aprova aquelas que preenchem todos os requisitos para apresentar seu negócio a outros sócios.

Para participar de um IPO, você deve demonstrar interesse na compra durante o período de reserva de ações. Depois que o IPO é concluído e a empresa finalmente estreia na Bolsa, você pode comprar as ações diretamente pelo *home broker*.

O preço de mercado de uma ação não permanecerá o mesmo para sempre — o ideal é que a empresa na qual apostamos se fortaleça, cresça e obtenha melhores resultados financeiros. Esse crescimento irá se refletir no desempenho das ações da empresa, aumentando assim o seu valor de mercado.

> **Imagine que o preço de uma ação da empresa fictícia "Mulheres que Lucram S.A." seja R$ 100,00 e você comprou dez ações. Logo, o valor do seu investimento é 10 x R$ 100,00 = R$ 1.000,00.**
>
> **Essa mesma empresa teve um bom desempenho e suas ações agora são negociadas a R$ 200,00. Isso significa que o valor de seus investimentos agora é 10 x R$ 200,00 = R$ 2.000,00.**

Fundos Imobiliários

Outra opção que eu adoro na renda variável são o Fundos de Investimento Imobiliário (**FIIs**). Neles, em vez de se tornar sócia de uma empresa, você adquire cotas de imóveis (prédios, shoppings, galpões logísticos, hospitais, escolas etc.) ou de títulos de dívidas atrelados ao mercado imobiliário.

Assim como as ações, os fundos imobiliários são negociados na Bolsa e possuem um *ticker*. Existem duas maneiras de lucrar com os FIIs: recebendo o rendimento dos aluguéis ou dos juros de títulos de dívidas e pela valorização do preço das cotas.

Os rendimentos dos aluguéis ou juros (já descontando os custos com manutenção dos imóveis, taxas do fundo etc.) são pagos mensalmente a título de antecipação semestral, na forma de dividendos. Atualmente, esses rendimentos são isentos de cobrança de imposto de renda.

Existem excelentes fundos imobiliários negociados no Brasil, mas antes de investir é preciso fazer a lição de casa: estudar. Você precisa verificar quem são os gestores do fundo, em quais ativos (imóveis e títulos de dívida) o fundo investe, taxa de vacância dos imóveis, riscos dos títulos etc. Enfim, verificar se esse fundo realmente merece o seu dinheiro. Todas essas informações estão na lâmina e nos relatórios do fundo.

Vale lembrar que os fundos imobiliários são produtos de renda variável, ou seja, não oferecem garantias como os produtos financeiros de renda fixa. E tudo bem. Diversificando e estudando os fundos em que deseja investir, você pode ter esses ativos na sua carteira de investimentos sem medo.

Quer entender como surgiu a primeira Bolsa de Valores e conhecer um pouco sobre a história do Mercado de Capitais? Veja no QR code:

O mercado e a volatilidade

As coisas podem mudar muito rapidamente na renda variável por inúmeros motivos. Por exemplo, crises econômicas, decisões políticas ou questões relacionadas ao setor em que a empresa atua. Por isso é muito importante ter uma estratégia de investimento.

Quanto mais volátil for um ativo, mais significativa é a sua variação em relação às flutuações de mercado. Em outras palavras, trata-se de um investimento mais arriscado.

No próximo capítulo, vou compartilhar a estratégia que eu uso na minha carteira de investimentos. Todas as estratégias, no entanto, devem ter uma premissa básica: a diversificação.

Capítulo 10

A importância de diversificar.
A importância de diversificar.
A importância de diversificar.

> *"Confie nos seus pressentimentos. Eles normalmente são baseados em fatos arquivados abaixo do nível da consciência."*
> *Joyce Diane Brothers*

Não, não foi erro de digitação, foi só para deixar claro como a diversificação é importante.

Você já ouviu aquela frase "não coloque todos os ovos na mesma cesta"? No mundo dos investimentos, isso se chama diversificação, que é o único almoço grátis do mercado financeiro, pois o desempenho negativo de uma aplicação pode ser compensado pelo desempenho positivo de outra.

Diversificar pode até parecer conselho de avó, mas é assunto muito sério no mundo da economia. A diversificação está no pilar das **Finanças Modernas**. Ela é tão importante que trabalhos nessa área já resultaram em alguns prêmios Nobel de Economia, como, por exemplo, os concedidos a Harry Markowitz, Franco Modigliani, William Sharpe e Eugene Fama.

E o que dizem as Finanças Modernas? Dizem que devemos diversificar nossos investimentos em diferentes classes de ativos. A renda fixa e a renda variável têm ativos que se complementam. É como aquela bolsa para usar durante o dia e a outra que usamos à noite: ambas são importantes e adequadas para momentos diferentes.

A sua carteira deve ser gradualmente composta por diferentes tipos de investimentos, tais como ações, ETFs, fundos imobiliários, títulos de dívida públicos e privados e até mesmo por moedas.

> **Imagine que você decide investir seu dinheiro em uma empresa de calçados. Se você investir em uma empresa que só fabrica botas de chuva, quanto mais chove, mais dinheiro você (teoricamente) ganha. Já se não chover muito, você estará com problemas. Por outro lado, se você investir em uma empresa que só fabrica sandálias, vai enfrentar a situação oposta. Todavia, se dividir seu dinheiro entre os dois, poderá se beneficiar em ambos os casos, independentemente do clima.**

A chave para diversificar seu portfólio, portanto, é escolher investimentos que não estão altamente relacionados entre si. Isso significa que o que afeta um investimento pode não afetar outros da mesma maneira. Por isso é importante, por exemplo, diversificar entre setores da economia e localização geográfica.

E não basta apenas comprar diferentes ativos, é importante também diversificar o momento da compra e o momento da venda, ter a política de investir todos os meses e focar sempre no longo prazo. Em curto prazo a volatilidade pode assustar, mas quem investe em longo prazo não se preocupa com as mudanças diárias nos preços dos ativos.

Precisamos entender que, no mercado financeiro, quanto maior o risco, maior a expectativa de retorno no longo prazo.

Para a aposentadoria, por exemplo, é benéfico ter aplicações de maior risco, como as ações, ETFs, fundos multimercados e títulos de dívida com prazos mais longos.

Em momentos de grande volatilidade e fortíssimas emoções no mercado, muita gente que não tem uma carteira diversificada acaba perdendo o sono e, infelizmente, muitos liquidam (vendem) seus investimentos na pior hora possível, quando estão desvalorizados. A diversificação reduz exatamente essa oscilação na sua carteira de investimentos, ou seja, é possível que você não tenha a rentabilidade máxima com o seu portfólio, mas também não irá perder o máximo possível dele.

A boa notícia para nós, mulheres, é que agimos menos por impulso, portanto corremos menos risco de vender ações por medo no pior momento possível. Outro ponto positivo para nós, mulheres, é que somos mais realistas; o otimismo em excesso pode atrapalhar o nosso julgamento sobre os ativos. Nós duvidamos mais das coisas, por isso somos boas gerenciadoras de crise.

Então, a melhor maneira de se proteger contra o desconhecido é escolher uma carteira diversificada. Isso impedirá que você surfe sozinha nas altas ondas do otimismo, mas também a protegerá em momentos ruins do mercado. A diversificação é como uma dieta: ela precisa ser balanceada para ter resultados duradouros nas suas medidas e saúde. Nos investimentos é a mesma coisa: sem diversificação você pode até ter algum resultado em curto prazo, mas não fará um voo longo.

O importante é você, como investidora, saber que os declínios do mercado são normais e uma parte necessária (mas desafortunada) do investimento.

Parte 4
Mulheres que lucram com o método OJI

Capítulo 11
Método OJI: oportunidade, juízo, independência

Se você chegou a este capítulo, já adquiriu todos os conhecimentos necessários para colocar em prática meu método de independência. Esse método foi desenvolvido porque eu não acredito em "perfil de investidor" como guia para alocações financeiras.

Como assim? Quem já abriu conta em uma plataforma de investimentos sabe que uma das etapas é responder a perguntas sobre a sua relação com o dinheiro e com os riscos. Ao fim do questionário e a partir das respostas fornecidas, você é classificada dentro de um perfil de investidor e fica sabendo quais produtos financeiros são mais adequados ao seu estilo. Legal, né? Não muito.

Embora a Análise de Perfil do Investidor seja uma exigência da CVM e pode ser útil para muitas pessoas, eu não acredito que se apegar a um "rótulo de investidor" seja uma boa estratégia para as mulheres que lucram.

Como já explicado, acredito que a melhor estratégia é apostar sempre na diversificação. Logo, todos os ativos podem servir para todas as pessoas, basta adequá-los aos seus objetivos e planejamento financeiro. Quando a Bolsa de Valores está subindo, todo mundo tem perfil agressivo; já quando está caindo, todo mundo é conservador. Mas a diversificação nunca falha, ela serve para todos os momentos do mercado e para todos os perfis.

> **O mais importante não é o que você sabe,
> mas o que você faz com o que sabe!**

Cardápio de produtos financeiros

Uma carteira balanceada é como uma refeição bem equilibrada: a entrada é a reserva de emergência, o prato principal é a renda fixa e a sobremesa é a renda variável. Você pode até abrir mão da sobremesa, mas a entrada e o prato principal são fundamentais para uma dieta saudável em longo prazo, assim como deve ser com os seus investimentos.

Como já explicado, a segurança (e a rentabilidade) dos investimentos está nos produtos, e não nas instituições. Por isso, vamos ver o que significa cada um deles:

O **Tesouro Direto** é o programa de investimentos criado em 2002 pelo Tesouro Nacional, em parceria com a Bolsa de Valores, para popularizar o acesso aos títulos públicos pelo pequeno investidor. É possível investir nesses títulos por meio do Tesouro Direto a partir de R$ 30,00. Na plataforma do Tesouro Direto, o investidor encontra vários títulos públicos, com prazos e formas de remuneração distintos. Um desses títulos é o Tesouro Selic, que podemos utilizar para a reserva de emergência. Os títulos públicos têm garantia do Tesouro Nacional, portanto são os investimentos mais seguros de todo o sistema financeiro brasileiro. Há incidência de imposto de renda.

O **CDB** é o Certificado de Depósito Bancário. Um título de crédito emitido por bancos e coberto pelo Fundo Garantidor de Créditos. As opções de CDBs disponíveis no mercado brasileiro são muitas, com diferentes prazos e rentabilidades. Há incidência de imposto de renda.

A **LCI** é a Letra de Crédito Imobiliário. Um título de crédito lastreado por ativos imobiliários, garantidos por hipoteca ou por alienação fiduciária de imóveis. É emitida por bancos, possui cobertura do Fundo Garantidor de Créditos, e os recursos captados são utilizados no financiamento do mercado imobiliário. Não há incidência de imposto de renda.

A **LCA** é a Letra de Crédito do Agronegócio. Um título de crédito lastreado por ativos agrícolas, como maquinários. É emitida por bancos, possui cobertura do Fundo Garantidor de Créditos, e os recursos captados são utilizados no financiamento do agronegócio. Não há incidência de imposto de renda.

O **CRI** é o Certificado de Recebíveis Imobiliários. Um título de crédito lastreado por ativos imobiliários. É emitido por uma securitizadora e não tem cobertura do Fundo Garantidor de Créditos. Não há incidência de imposto de renda.

O **CRA** é o Certificado de Recebíveis do Agronegócio. Um título de crédito lastreado por ativos agrícolas. É emitido por uma securitizadora e não tem cobertura do Fundo Garantidor de Créditos. Não há incidência de imposto de renda.

A **Letra de Câmbio** é um título utilizado no financiamento do mercado de crédito brasileiro. É emitida por financeiras, possui cobertura do Fundo Garantidor de Créditos e consiste em uma alternativa a outros títulos de crédito com as mesmas características, como o CDB. Logo, é mais uma opção para a diversificação. Há incidência de imposto de renda.

A **Letra Financeira** é um título de crédito voltado a investidores em busca de aplicações de longo prazo. É emitida por financeiras e o valor mínimo para investir em uma LF também é mais alto, acima de R$ 50 mil. Não tem cobertura do Fundo Garantidor de Créditos. Há incidência de imposto de renda na menor faixa da alíquota, em 15%.

A **Debênture** é um título de dívida emitido por empresas na captação de recursos para seus projetos. As debêntures incentivadas são isentas de imposto de renda, pois são voltadas ao desenvolvimento da infraestrutura. Já nas debêntures comuns há incidência de IR. As debêntures podem ainda ser simples ou conversíveis em ações, ou seja, ao final do prazo estabelecido podem ser convertidas em ações da empresa emissora.

Os **Fundos de Renda Fixa** são uma categoria de fundos que investem 80% de seu patrimônio em ativos de renda fixa, como alguns já citados. Não têm cobertura do Fundo Garantidor de Créditos e não são isentos de imposto de renda. A rentabilidade é tributada semestralmente pelo sistema come-cotas. Nos fundos, vale lembrar, pode haver ainda a cobrança de taxas de administração, entre outras.

Os **Fundos Multimercado** são uma categoria de fundos que podem combinar renda fixa e renda variável em sua estratégia, podem ter diferentes níveis de risco e sofisticação. Podem utilizar derivativos para alavancagem ou proteção da carteira. Não têm cobertura do Fundo Garantidor de Créditos e não são isentos de imposto de renda. A rentabilidade é tributada semestralmente pelo sistema come-cotas. Nos fundos, vale lembrar, pode haver ainda a cobrança de taxas de administração, entre outras.

Os **Fundos de Ações** são uma categoria de fundos que investem 67% (ou dois terços) dos ativos em ações negociadas em mercados organizados, como a Bolsa de Valores. Não têm cobertura do Fundo Garantidor de Créditos e não são isentos de imposto de renda. A rentabilidade é tributada na venda das ações, sendo que vendas de até R$ 20 mil em um mesmo mês são isentas. Nos fundos, vale lembrar, pode haver ainda a cobrança de taxas de administração, entre outras.

Os **Fundos Cambiais** são uma categoria de fundos que investem em produtos financeiros atrelados a moedas estrangeiras, como o dólar e o euro. Não têm cobertura do Fundo Garantidor de Créditos e não são isentos de imposto de renda. A rentabilidade é tributada semestralmente pelo sistema come-cotas. Nos fundos, vale lembrar, pode haver ainda a cobrança de taxas de administração, entre outras.

Os **Fundos de Previdência Privada** são uma alternativa de complementação àquela oferecida pelo Regime Geral de Previdência Social. Esses fundos podem ter diferentes níveis de riscos, de moderado a agressivo, e também oferecem formas diferentes de tributação (progressiva e regressiva), pagos no momento de saque dos recursos. É indicado para aplicações de longo prazo e não possuem come-cotas.

As **Ações** representam uma fração do capital de uma empresa. É a menor parcela do capital de uma companhia ou sociedade anônima, concedendo aos seus detentores, os acionistas, direitos e deveres de um sócio, de acordo com o tipo de ação.

Os **ETFs** são os fundos de índice, em tradução livre do inglês. Esses fundos seguem índices de referência do mercado financeiro, como o Ibovespa, por exemplo, replicando os ativos que existem na carteira teórica do índice. É negociado em Bolsa como uma ação, mas sua carteira irá espelhar o desempenho do índice seguido. A tributação é de 15% sobre os ganhos de capital.

O **Mercado de Opções** é o ambiente em que são negociados os direitos de compra e venda de ativos com preços e prazos prefixados. As **opções** são uma classe de derivativos que dão ao investidor o direito de exercer a compra ou venda de um determinado ativo no futuro, a preços predeterminados. Esse setor é utilizado por profissionais do mercado financeiro e por investidores com perfil sofisticado e alto apetite por riscos.

As **Criptomoedas** são moedas digitais que podem ser utilizadas apenas como meio de troca on-line digital, já que não existem em formato físico. Diferente das moedas tradicionais, as criptomoedas não são reguladas, ou seja não possuem um sistema de controle e administração, como o que o Banco Central do Brasil realiza com o real, por exemplo. Atualmente as criptomoedas são muito utilizadas como ativos para reserva de valor, ou seja, como opções de investimentos por pessoas físicas e jurídicas.

Praticando o Método OJI

Nos capítulos anteriores entendemos o que significa ser independente, quais são as opções de carreiras e as melhores maneiras de explorá-las para fazer dinheiro. Também desvendamos o mercado financeiro e falamos sobre os dois sentimentos que mais impedem as mulheres de investir: a insegurança e o medo.

Agora chegou o momento de colocar todo esse conhecimento em prática! Afinal, conhecimento sem ação é querer, conhecimento com ação é poder. Por isso desenvolvi, ao longo desses anos, um método de investimentos para beneficiar qualquer pessoa. Esse método tem o nome de OJI.

Os produtos financeiros para investirmos são divididos em renda fixa e renda variável. Aprendemos também que 20% da sua receita deve ser destinada para seus investimentos. Se não for possível separar 20%, comece alocando 5%, até chegar aos 20%.

Esse valor deverá ser dividido em três grandes quadrantes:

O - Investimento em Renda de Oportunidade - 20% de tudo que você tem investido deverá ir para a reserva de emergência, que eu gosto de chamar de reserva de oportunidade, e muitos gostam de nomear como reserva de imprevistos. Porque imprevistos sempre acontecem, então precisamos estar preparadas.

J - Investimento em Renda Fixa - 40% deverá estar em produtos de renda fixa com baixo risco.

I - Investimento em Renda Variável - 40% deverá estar em produtos de renda variável, cujo risco é um pouco maior (assim como o ganho).

Divisão

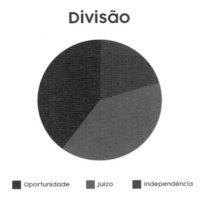

■ Oportunidade   ■ Juízo   ■ Independência

Quadrante "O"

É seu quadrante de curto prazo. Ele é a base do seu planejamento financeiro, tornando possível a sua independência financeira com segurança. Eu costumo chamar de quadrante "mala pronta".

Esse é aquele dinheiro em caixa que não deixa você refém de pessoas ou situações difíceis por motivos financeiros. Qualquer coisa, é só ir embora, já que sua sobrevivência estará garantida com qualidade por um período. Sabemos que nós, mulheres, passamos por situações bem desconfortáveis ao longo da vida. Desde assédio moral, físico, relacionamentos abusivos, chefes machistas e por aí vai. Esse recurso vai garantir sua estabilidade emocional e financeira por um tempo. Ah, e também pode usar parte desses recursos para aproveitar as oportunidades do mercado, que sempre aparecem.

| **Mulheres que não lucram começam a investir pela renda variável.** | **Mulheres que lucram começam pela renda fixa e constroem primeiro sua reserva de emergência.** |

> **O ideal é que, ao longo do tempo, você tenha o equivalente a 1 ano do seu custo de vida reservado para emergências e oportunidades.**

Na medida em que você se tornar uma investidora, terá que, de quando em quando, olhar sua carteira para se certificar de que pelo menos 20% de todo seu patrimônio estará nesse quadrante.

Agora vamos dividir o Quadrante **O** em duas partes:

1	2
SOBREVIVÊNCIA 3 x custo de vida mensal	**OPORTUNIDADES**

A primeira parte é a de sobrevivência. É aquela que vai suprir suas necessidades básicas: alimentação, saúde, moradia, transporte etc.	Na segunda parte, faremos um caixa para oportunidades: sempre aparece no mercado financeiro um bom produto para acelerar seu processo de independência, e também não podemos esquecer dos pequenos prazeres da vida. Enfim, vai que...

Suponhamos que seu custo mensal seja de R$ 5.000,00:
Seu Quadrante **O** deverá ser de R$ 60.000,00, ou seja, o equivalente a 12 meses de seu custo de vida. Esse valor será, então, dividido em duas partes:

O-1 - Na primeira parte desse quadrante, você deve deixar 3 vezes o custo de sua vida mensal. Se você tem R$ 5.000,00 de custo, deverá ter R$ 15.000,00 nesse subquadrante.

> Não meça esforços para juntar essa quantia. Venda o que não precisa, encontre outras fontes de renda. Coloque aqui tudo que for extra.

O-2 - É o subquadrante mais importante do seu plano de independência, porque a vida é feita de oportunidades. Em momentos de incertezas, como uma pandemia, crise política, econômica e social, por exemplo, os produtos de renda variável ficam realmente baratos. Empresas entraram em uma verdadeira liquidação. Imagine você estar pronta para comprar, quando muitas pessoas querem vender produtos incríveis a preço de banana... Mas não é só isso. Esse dinheiro também pode ser usado para uma viagem surpresa com as crianças, arrematar uma peça de grife que entrou em liquidação, um procedimento estético para dar um *up* no visual, e por aí vai...

No curto prazo é que a vida acontece!

No longo prazo estaremos todos mortos, é verdade, mas quanto tempo vamos viver? Garantir uma vida no futuro, independente e com poder de escolha, somente será possível com decisões importantes tomadas agora.

Portanto, R$ 45.000,00 ficarão para as oportunidades.

> O = R$ 60.000,00 (12 meses do seu custo de vida)
> O1 = R$ 15.000,00 (3 meses do seu custo de vida)
> O2 = R$ 45.000,00 (o restante dos recursos)

Mas onde aplicar esse dinheiro?

Todos os quadrantes do nosso plano de independência você vai preencher com produtos da plataforma de investimentos.

Como a **liquidez neste quadrante deve ser imediata**, você tem três opções:

Tesouro Selic	CDB de liquidez diária	Fundos DI
Remunera o seu investimento de acordo com a taxa Selic vigente. Tem garantia soberana, portanto é considerado um dos títulos mais seguros do mercado. Isento de taxas até R$ 10 mil.	Os CDBs são títulos de crédito emitidos por bancos. Nas plataformas de investimentos há CDBs de inúmeros bancos, mas eu prefiro os bancos médios porque pagam mais e, como sabemos, têm as mesmas garantias dos bancos grandes. São cobertos pelo FGC e, para a reserva, a liquidez precisa ser diária.	As taxas cobradas por esses fundos são baixas. Alguns têm liquidez diária, você pede o resgate e cai em sua conta da plataforma de investimentos no mesmo dia. Outros são D+1, isso significa que cai na sua conta no dia útil seguinte. Há fundos DI com prazos maiores, porém não são recomendáveis para a sua reserva. Não são garantidos pelo FGC, mas são extremamente seguros.

Quadrante "J"

Após completar a primeira parte, ou seja, ter investido nos produtos citados o valor de um ano do seu custo de vida, você vai começar a preencher o Quadrante J, que eu chamo de Juízo Calculado.

Chegou a hora de diversificar seus investimentos! Está animada? Vamos ousar, mas com moderação.

Este quadrante é racional, prudente e responsável por proteger sua carteira de eventuais volatilidades e reveses do mercado (ou da vida). É a hora da famosa renda fixa.

O Quadrante J também é dividido em duas partes, conforme os riscos dos ativos:

J-1 - Produtos que têm garantias tradicionais e oferecem risco menor. Por isso, são um pouco menos rentáveis:

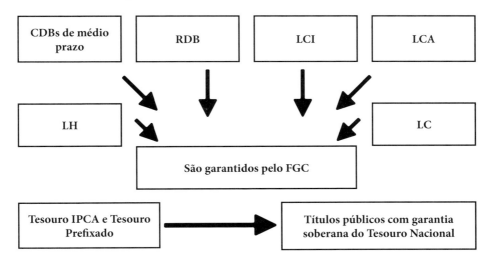

No Quadrante J-1 eu sugiro escolher pelo menos quatro produtos diferentes, dando preferência aos cobertos pelo FGC. Você pode fazer aplicações mensais, ampliando de forma gradual a participação desse quadrante no seu patrimônio.

J-2 - Produtos de renda fixa que oferecem outros tipos de garantia. São mais arriscados que os produtos do quadrante anterior, e como há mais risco, há mais chance de ter retorno:

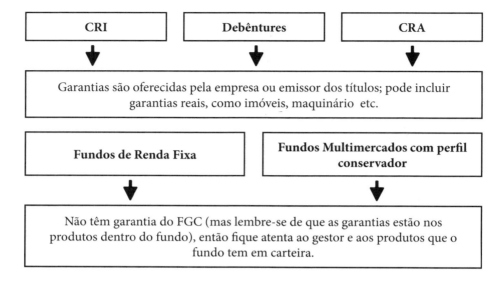

Aqui você também pode diversificar, escolhendo três ou quatro produtos.

Eu sugiro que você divida o Quadrante J com 50% em J-1 e 50% em J-2, mas isso não é uma regra e você pode se ajustar conforme encontre oportunidades no mercado.

> **IMPORTANTE:** É fundamental preencher os quadrantes (O, J e I) nas proporções sugeridas. Em momentos de otimismo, a tendência é deixar as regras de lado, mas nesse método você não tem essa opção, já que o pessimismo pode se instalar quando menos esperamos. Mulheres que lucram estão preparadas SEMPRE!

Quadrante "I"

Este é o quadrante da Independência Financeira, o meu quadrante preferido!

Aqui você se torna uma mulher de negócios.

As mulheres ainda não sabem, mas nasceram para o mercado financeiro. Há um grande número de empreendedoras no Brasil, mas deixam escapar por entre os dedos a chance de serem sócias de grandes companhias.

É claro que também existem produtos em renda variável mais voláteis que outros. Por isso também vamos dividir o quadrante em duas partes:

I-1 - Aqui estão os produtos em renda variável que apresentam menor volatilidade:

Fundos Imobiliários	Fundos de Previdência de perfil moderado	Fundos Multimercados moderados

I-2 - São produtos com a maior volatilidade do mercado, portanto com maiores riscos e oportunidades de rentabilidade:

Ações	BDRs	ETFs
Fundos de Investimentos	Fundos de Ações	Fundos Cambiais
Fundos de Previdência com perfil agressivo	Fundos Multimercados com perfil agressivo	Criptomoedas

Minha sugestão é que 40% do seu patrimônio seja gradualmente alocado no Quadrante I, sendo 50% nos produtos do I-1 e 50% nos produtos do I-2. Exemplo de uma carteira neste quadrante:

- 1 Fundo Cambial (principalmente para quem viaja bastante)
- 1 Fundo imobiliário
- 5 Ações (de setores diferentes)
- 1 ETF de índice brasileiro
- 1 ETF de índice norte-americano
- 1 Fundo Multimercado
- 1 BDR

Vou apresentar agora para vocês a Carol, nossa personagem, que se beneficiou do método ao longo dos anos e em diferentes momentos de sua vida.

Carol se formou em computação e começou a trabalhar como *trainee* em uma instituição financeira em março de 2009. Na época, seu salário líquido era de R$ 4.800,00. Como ainda morava com os pais, Carol conseguia economizar 50% do seu salário.

Em janeiro de 2010, ela foi efetivada na área de análise de fraude bancária e seu salário líquido foi para R$ 8.300,00, passando também a ser corrigido pelos reajustes legais do setor bancário. Em setembro de 2014, Carol passou a receber, além do salário, um adicional de função gratificada de R$ 4.190,00.

Em abril de 2010, Carol resolveu sair da casa dos pais e foi morar com o namorado em um apartamento alugado, onde dividiam as despesas. Fizeram um pacto de união estável com separação total de bens.

Ela teve um gasto de R$ 12.580,00 para fazer algumas adaptações e se mudar para o apartamento alugado. Além da economia mensal, retirou a diferença da caderneta de poupança que mantinha.

Junto com o novo relacionamento, Carol ganhou uma nova postura como investidora. Seu namorado trabalhava em uma plataforma de investimentos e Carol passou a se interessar muito por essa área, mas com a nova vida sua poupança mensal caiu para 20% do salário. Veja no quadro a seguir a evolução do patrimônio total da Carol ao longo do tempo, a partir da diversificação e consistência das aplicações baseada no método OJI:

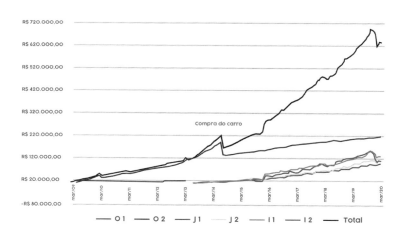

Evolução do patrimônio da Carol com o método OJI

Como construir um patrimônio como o da Carol, colocando em prática e aplicando esse método à sua vida financeira? **VAMOS COMEÇAR!**

Se você não tem nada guardado:

> Comece destinando 5% de suas receitas até chegar a 20%, para preencher o Quadrante O. Comece pelo O-1, depois passe para o O-2. Faça tudo que estiver ao seu alcance para preenchê-lo o mais rápido possível. Tudo mesmo!
>
> Em seguida, divida seus investimentos ao longo do ano: cinco meses vão para o Quadrante J e cinco meses vão para o Quadrante I. Os dois meses que sobram podem ser destinados a reforçar o Quadrante O (que deve cobrir pelo menos 1 ano do seu custo de vida) ou em novas aplicações nos quadrantes J e I.
>
> Uma vez por ano, faça o balanço de sua carteira para ver se tudo que você tem está respeitando a proporção dos quadrantes.

Primeiramente, preencha todo o **Quadrante O**, com o equivalente a um ano do seu custo de vida. Vamos lembrar do exemplo de uma pessoa que tem o custo de vida de R$ 5 mil, e logo precisa deixar R$ 60 mil no primeiro quadrante.

"Ah, mas vai levar uns cinco anos para juntar todo esse dinheiro."

Sim! Leva tempo mesmo, mas aposto que conseguirá antes disso, porque vai ficar tão animada que tudo quanto for renda extra você vai colocar nos três produtos indicados para passar de fase no nosso jogo pela liberdade. Aqui, vale se desfazer de imóvel extra, carro que só tem gastos...

O ideal é que, todos os meses, 20% do seu custo de vida seja reservado aos investimentos. Logo, tomando como exemplo um custo de vida de R$ 5 mil ao mês, você deve trabalhar para investir R$ 1 mil todos os meses.

Lembre-se, a primeira etapa consiste em preencher o **Quadrante O** de forma gradual. Comece com 5%, se 20% não for possível no início, mas dê o primeiro passo.

Após completar a primeira fase, você deverá investir R$ 1 mil durante cinco meses no **Quadrante J** (alternando J-1 e J-2), durante os cinco meses seguintes no **Quadrante I** (alternando I-1 e I-2), e os outros dois meses novamente no **Quadrante O**, caso ele não esteja completo por alguma emergência ou oportunidade aproveitada.

Caso o Quadrante O esteja completo, pule os dois meses que seriam dele e continue o plano nos quadrantes J e I, até que sua carteira de investimentos esteja na proporção de **40% em J, 40% em I e 20% em O.**

> **O importante é o Quadrante O nunca ser menor que
> 1 ano do seu custo de vida!**

Se você precisar usar o O-2 para alguma oportunidade, volte seus esforços para repor nos próximos meses.

Esse processo é muito bom, pois você economiza com taxas e consegue saber em qual quadrante vai colocar seu dinheiro. Ainda que você fique em dúvida sobre qual produto escolher, terá um leque de opções bem menor para decidir.

Como você pode perceber, esse método também não precisa de perfil de investidor. Eu o criei porque até hoje não sei qual é o meu perfil de investidora, mas, mesmo assim, minha carteira está sempre balanceada. Inclusive para crises.

Se você já tem um patrimônio acumulado:

Como está o balanceamento da sua carteira?

É comum que as pessoas acumulem patrimônio em imóveis pela nossa cultura inflacionária, mas quando temos um período de recessão econômica ou até mesmo depressão, não podemos abrir mão da liquidez. Os imóveis têm muitos custos fixos que devem ser levados em conta. Portanto, também é interessante fazer um balanço da sua carteira, dessa forma seus imóveis ficariam no Quadrante J-1. O imóvel em que você mora, caso seja próprio, não entra no balanço.

Então, assim como na situação anterior, primeiramente os 20% do **Quadrante O** devem ser preenchidos. Não é porque você já tem patrimônio que deve negligenciar a sua reserva.

> Comece pelo balanço patrimonial. Avalie seu **Quadrante O**. Quanto do seu patrimônio está disponível para emergências e oportunidades?
>
> Estabeleça as proporções de forma gradual, sempre **20% para o Quadrante O, 40% no Quadrante J e 40% no Quadrante I,** respeitando o prazo das aplicações.
>
> Mantenha o plano de reinvestir seus dividendos e parte de suas receitas. Continue o plano de investimentos mesmo com bom patrimônio acumulado. Qualquer imprevisto ou oportunidade, lembre-se de usar o Quadrante O-2. Nos meses subsequentes, trate de repor o que foi usado.

No QR code a seguir está o passo a passo, bem explicado, de como utilizar a plataforma de investimentos, comparar produtos, rentabilidades e prazos de contratação.

Ao fazer isso sozinha, na maioria das plataformas há uma corretagem fixa que não chega nem ao custo de uma caixa de bombons por transação.

Como o mercado é dinâmico e volátil, eu insisto que você tome as rédeas da sua vida financeira. Todos os meses, eu e analistas vamos sugerir nossas preferências de produtos para você investir. Basta usar o próximo QR code, que você vai ter orientação de quem entende, estuda e está aqui para tirar o maior proveito possível do mercado financeiro.

Ana x Bia

Vamos pensar em duas mulheres fictícias. Ambas fortes e dedicadas, mas uma lucra e a outra não lucrava até ler este livro.

Ana é a mulher que lucra: investe parte da sua renda, busca por informações confiáveis e diversas, mesmo quando não entende bem o assunto, capacitando-se para fazer as melhores escolhas. Ela ouve as pessoas à sua volta, mas toma as decisões que fazem sentido para a sua vida financeira, já que um investimento ideal para uma pessoa nem sempre é ideal para outra.

Ana tem sonhos, tem medos, mas sabe que pode conquistar qualquer coisa se tiver disciplina, paciência e perseverança. Ela ama e cuida da sua família, mas não deixa o autocuidado de lado, por isso toma conta do seu dinheiro. Ana pode ter reveses e provavelmente terá, já que assim é a vida, mas estará mais preparada do que a maioria das mulheres.

Bia é uma mulher que não lucrava, mas agora vai lucrar. Ela gastava todo o salário com compras parceladas no cartão de crédito, sempre estava no limite do cheque especial ou parcelando o saldo do cartão, sem perceber que os juros cobrados diminuíam as suas chances de sair dessa bola de neve.

Bia toma decisões por impulso, não tem dinheiro investido e depende da opinião dos filhos e do marido para tudo; ela não se sente capaz de decidir por ela mesma, embora seja 100% apta a fazer isso. O custo de viver uma vida dessa forma será cobrado no futuro, na medida em que Bia passa a depender cada vez mais dos outros e se sente mais incapaz de ser independente, a segunda bola de neve da vida de Bia.

Dependência financeira e emocional, infelizmente, são coisas que em muitos casos andam lado a lado. Assim, optar pelo controle da sua vida ajudará você nas duas frentes: a ser uma mulher mais independente, dona de suas escolhas e que ainda escuta a todos ao seu redor, mas toma as rédeas do próprio destino e não é uma refém do acaso.

Como sobreviver e lucrar no mercado em crise

Mas e quando, de uma hora para a outra, o mundo vira de pernas para o ar?

Sim, realmente isso pode acontecer. Nessas horas, todos os investimentos em Bolsa de Valores, fundos imobiliários e fundos multimercados costumam entrar no vermelho.

Quando isso acontece, é hora de vender todos os investimentos e correr para a poupança?

NÃO, DE JEITO NENHUM!

Você precisa ter calma e entender que tudo isso vai passar!

Quando eu era muito jovem, recém-formada, entrei como estagiária em um escritório do qual rapidamente virei sócia. Tudo corria às mil maravilhas, e o mercado não parava de crescer. Em maio de 2008, porém, sem nenhum prévio aviso, os mercados começaram a desmoronar. Era a crise do *subprime* nos Estados Unidos, que derrubou as Bolsas no mundo.

Eu me perguntava: mas por que logo agora? Como ninguém previu isso?

Bateu um desespero terrível e a vontade de liquidar todos os meus investimentos e sair da brincadeira era enorme. Felizmente pude contar com o apoio dos sócios mais velhos, que encaravam aquela situação com tranquilidade; aliás, juro, eu não entendia essa calma.

A questão é que o impacto emocional da perda é muito mais forte do que o do ganho. Investimento não é loteria, que deixa você rico de um dia para o outro. É como aquele exercício físico que você faz todo dia, para chegar saudável aos 70 anos. O benefício é no longo prazo, depois desse período é que ele se torna visível.

Todas as economias são cíclicas. Em 2008 o mundo veio abaixo, e em 2011 o Brasil foi capa da revista *The Economist* com o tema: *Brazil take off* (Brasil decola).

Então, não crie pânico e tenha sua reserva para oportunidades, além da reserva de emergência.

Em tempos de crise, fique atenta a dois pontos:

> 1. Sua reserva de emergência/renda de oportunidade está ok?
> 2. As oportunidades aparecem aos montes. Fundos imobiliários abaixo do valor patrimonial, ações de empresas sólidas negociadas com preço de empresa pequena e instável... Enfim, é especialmente difícil ir contra a corrente, mas, quando aparecem esses momentos, use sua reserva de oportunidades!

Ao longo dos anos eu entendi que pode demorar muito tempo para recuperar o topo perdido, mas também descobri que um mercado em baixa é maravilhoso para quem tem tempo e dinheiro disponível para aproveitar as liquidações.

Em momentos de crise é comum encontrar produtos financeiros bem abaixo do seu valor real. Se você tem um horizonte longo, essa é a hora de aproveitar a oportunidade para acelerar a sua independência financeira.

Nessas situações, eu costumo usar apenas a minha reserva de oportunidades e não comprometo minha reserva de emergência. Então, se você tem um planejamento de longo prazo e mensalmente guarda uma parte dos seus rendimentos para o futuro, comemore quando tudo desaba e os preços estão baixos.

E quando os preços vão voltar? Infelizmente ninguém sabe, então aproveite para comprar ações de grandes empresas. Estude o mercado e procure fazer você mesma a gestão de sua renda de oportunidade. Eu vou estar aqui para ajudar você.

> **IMPORTANTE:** Não delegue o **Quadrante O**. Quanto aos outros, ouça opiniões e participe das decisões, afinal, o interesse é todo seu!

Planejamento sucessório

Se você tem filhos, esta parte é para você.

A expectativa de vida da população mundial aumentou e, provavelmente, você passará dos 75 anos. Se isso acontecer, seus filhos já estarão com idade suficiente para garantir a própria existência. Então, preocupe-se em dar uma boa educação e não ser um peso na vida deles, nem na vida de ninguém. Cuide da sua independência financeira e esteja preparada para viver a terceira idade sem preocupação com dinheiro.

De qual herança seu filho realmente precisa?

Na sociedade atual existe uma supervalorização da criança e uma visível diminuição do poder dos pais na relação com os filhos. Considero meus filhos educados, mas muitas vezes eles respondem e falam coisas que, se eu dissesse para os meus pais, provavelmente não estaria aqui para contar minha história. Tudo mudou muito em poucas gerações: a escola, a hierarquia, as famílias... E nós, como mães cheias de culpa, tentamos correr atrás de ensinar algo e fazer felizes os nossos pequenos ditadores.

Donald Winnicott, famoso psicanalista (e pediatra) inglês, dizia que é necessário que uma mãe seja apenas suficiente e boa. Para ele, o excesso de mãe é tão prejudicial quanto sua falta.

A tecnologia oferece uma quantidade gigante de entretenimento. Brincar é fundamental. Mas dar autonomia e responsabilizá-los por obrigações combinadas previamente também é muito importante.

Já carreguei muita culpa, mas aprendi, no meu mestrado em psicanálise, que mães que ficam a serviço dos desejos de seus filhos prestam um mau serviço à sociedade. Então, troquei a culpa pela saudade. Dedico-me com afinco à minha carreira e aproveito o pouco tempo que temos juntos para imprimir intensidade nesses momentos de convívio diário.

O que mais gostamos de fazer? Brincar de conversar!

A criança, antes de qualquer coisa, quer se sentir incluída. Nos seus planos, na sua vida, no seu dia a dia. Com Lara e Luca tenho sempre boas conversas, pelo menos em um momento do dia, no jantar ou com as histórias antes de dormir. Apesar da pouca idade, eu ouço o que eles pensam sobre decisões que pretendo tomar e os ajudo nas decisões que eles estão vivenciando. E sempre questiono nossas conclusões.

> **Questionar é uma forma de fazer pensar.**

Com isso, quero dizer que seu filho precisa de herança, sim, mas de heranças intangíveis. São as lembranças, valores, conhecimento, exemplos, boa educação e, caso seja possível, alguma coisa material. Esse é o legado mais valioso, pois isso ninguém poderá tirar dele.

Em janeiro de 2020, segundo dados da Serasa Experian, 40,8% da população brasileira adulta estava inadimplente, ou seja, tinha o "nome sujo na praça".

Eu sei que as pessoas atrasam as suas contas por inúmeros motivos, mas falar com as crianças sobre dinheiro é muito mais do que ensiná-las a gerenciar suas finanças; é sobre transmitir valores que irão acompanhar para sempre a vida dos nossos filhos. Esses valores são:

| **Paciência** | **Prioridades** | **Propósito** |

Então, que tal começar desde cedo a envolvê-los em todo o planejamento financeiro da família?

Ensine o que é dinheiro

Afinal, de onde vem o dinheiro? O cartão de crédito é dinheiro? Comece explicando para seus filhos o que é o dinheiro e como ele funciona. Eu sugiro que você inicie do básico:

> Dinheiro é nada mais do que uma forma de trocar o que você não precisa pelo que precisa.

Se você quiser fazer um momento de troca e aprendizado com as crianças, confira no QR code algumas informações e curiosidades sobre o dinheiro no Brasil e no mundo.

Trabalhar para conseguir dinheiro?

Ao falar sobre as origens do dinheiro, seus filhos provavelmente virão com a pergunta: mas como conseguir dinheiro?

Trabalhar é uma das formas de se conseguir dinheiro, mas relacionar o trabalho ao dinheiro não transmite valores a uma criança.

O trabalho, antes de mais nada, precisa ser encarado como uma forma de compartilhar algo com as outras pessoas no mundo.

Se você trabalha como professor, sua missão não é apenas passar o conteúdo, mas ensinar, explicar ao aluno como responder às questões sobre um problema. Fazê-lo pensar sob vários aspectos e assim promover a transformação pelo conhecimento. Se você é empreendedor, resolve o problema de uma outra pessoa pela venda de seu produto ou serviço. Já se você é advogado, vende seu tempo para defender seu cliente e ajudá-lo em questões que são fundamentais para ele.

> **O trabalho é a venda do seu tempo para resolver a necessidade de uma outra pessoa.**

Claro que às vezes estamos cansadas e queremos jogar tudo para o alto, mas não reclame do trabalho na frente dos seus filhos, pois eles irão crescer identificando-o como algo penoso e necessário apenas para se obter dinheiro.

Qual é o propósito do seu trabalho? Como ele impacta a vida de outras pessoas? Quanto você aprende todos os dias na sua atividade profissional? Encontre o seu propósito e transmita para as crianças.

> **Trabalha-se para transformar algo que impacta a vida de alguém.**

É preciso ensinar que todo trabalho tem um propósito, que não saímos de casa todos os dias pelo dinheiro, mas pelo nosso objetivo maior.

Como ensinar os filhos a lidar com dinheiro

Uma boa estratégia para orientar os filhos pequenos a lidar com o dinheiro é ensinar desde cedo que se trata de um item escasso, e que escolhas precisam ser feitas com cuidado, pois cada uma terá consequências. Nesse sentido, não basta dar dinheiro de vez em quando ou uma mesada à criança; é necessário guiá-la sobre suas opções.

Você pode começar pelo clássico cofrinho, ensinando aos seus filhos que, se querem um passeio ou um brinquedo, devem antes poupar dinheiro para atingir o objetivo. Este é um passo básico, mas que logo de cara ensina a criança a ter paciência e disciplina para guardar hoje, pensando em uma meta futura.

> **Pais que atendem prontamente aos desejos impacientes de seus filhos prestam um mau serviço a eles e, posteriormente, à sociedade.**

Outro ponto importante é não fazer diferenciação entre meninos e meninas. Dados da B3 em 2020 mostravam que os meninos são seis vezes mais beneficiados com aportes de seus responsáveis comparados às meninas. Isso quer dizer que as diferenças de valorização e remuneração entre homens e mulheres começam desde cedo. Por favor, não permita que isso aconteça.

A importância do autocontrole e das escolhas

Para proteger nossos filhos, quantas vezes tomamos a frente e decidimos por eles?

Mas que lição aprendemos cada vez que agimos dessa forma?

As crianças precisam fazer suas escolhas e aprender que elas têm consequências no futuro. Essa postura delega uma certa dose de responsabilidade aos seus filhos, o que é saudável para o desenvolvimento deles.

Em um simples passeio pelo shopping já é possível colocar o conhecimento em prática. Se você decidir liberar a mesada naquele momento, que escolhas seu filho faria?

A primeira reação, provavelmente, seria gastar tudo com guloseimas, por isso é importante mostrar que há opções. Ele pode, por exemplo, reservar uma parte para depois comprar um brinquedo ou algo mais caro. Ao mostrar que o dinheiro guardado pode ajudá-lo a alcançar objetivos e sonhos de consumo mais caros, ajudamos a desenvolver seu autocontrole e demonstramos que há recompensa para quem se planeja.

Mas se a escolha da criança foi gastar em doces e não poupar para o brinquedo desejado, não interfira. Explique que ela está abrindo mão de uma coisa por outra; afinal, o dinheiro é só a troca. Errar é fundamental para o aprendizado e devemos deixar nossos filhos perceberem o poder que têm sobre suas decisões.

É muito importante aprender a poupar e a planejar os gastos desde cedo. A partir dos três anos, já podemos ensinar, por meio de nossos exemplos. Em vez de comprar um sorvete de chocolate mais caro, optar por um picolé de frutas e explicar que se está economizando para outras coisas. O importante é falar de maneira simples e praticar o equilíbrio financeiro diariamente, em nossos hábitos e tomadas de decisão. A criança deve saber que, para ter um brinquedo ou um passeio, é preciso economizar. Você também pode organizar um quadro de tarefas para cumprir e remunerar quando os objetivos são alcançados, ou dar um cofrinho para a criança guardar as moedas.

Mas cuidado! Remunerar seu filho por tarefas que ele, obrigatoriamente, deveria fazer é um tiro no pé. Tenha cuidado com o uso do dinheiro. Outro exemplo é prometer um carro aos 18 anos se o filho for bom aluno, ou uma festa de 15 anos à menina se ela melhorar as notas. Criar filhos assim é ensinar que suas responsabilidades têm de ser remuneradas, e esses jovens acabam entrando no mercado de trabalho esperando premiações e gratificações por algo que deveriam fazer.

Então, deixe claro que, se ele não estudar, estará em um mau emprego, impedido de fazer escolhas e refém das vontades alheias. Se não arrumar seu quarto, ficará em um ambiente bagunçado. Se não ajudar no trabalho doméstico, terá menos tempo para ficar com seus pais porque eles estarão arrumando a bagunça de todos. Já o dinheiro... O dinheiro vem do trabalho.

O que você pode fazer é ajudá-los a criar metas de acúmulo, desenvolvendo o planejamento para o alcance de um objetivo. Se seu filho quer, por exemplo, um brinquedo que custa R$ 50,00, pode poupar R$ 10,00 por semana e ao final de cinco semanas terá o dinheiro para comprá-lo. Já para coisas mais caras, podem poupar a metade e você completa com o resto. O mais importante é não suavizar; se não guardou, não vai poder comprar. É importante fazer com que eles sintam a consequência de não ter planejado, e o benefício de ter planejado.

Na minha casa, eu aboli o cofrinho depois de um tempo. Fui com meus filhos ao banco e abri uma conta para cada um. Deposito uma quantia e cada um tem seu cartão de débito. O impressionante é que eles nunca querem usar o cartão e pensam muito bem antes de realmente comprar alguma coisa. Observei que eles deixavam de comprar o lanche na escola para poupar. Conversamos em família, e agora parte do dinheiro precisa ser gasto obrigatoriamente. Não quero criar filhos avarentos, que escolhem ficar com fome na escola para investir. Tampouco essa é uma relação saudável com o dinheiro.

Quando vamos ao supermercado, eu dou um orçamento. Fujo da lista, já que volta e meia encontro um produto diferente que quero experimentar e, assim, também não limito demais as escolhas. O mais importante é jamais ir ao supermercado com fome. E isso vale tanto para os pais quanto para os filhos. O que a gente deseja não é o que a gente precisa. Ensino sobre as armadilhas de consumo pautadas na sedução e escassez. Essa história de últimas unidades, leve 3 e pague 2... Isso tudo é armadilha.

Então só compre o que você realmente precisa. Lembra que falamos da importância do exemplo?

> **Um bom planejamento financeiro é a arte de usufruir do presente sem sacrificar o futuro e vice-versa.**

Dos 6 aos 8 anos, a dica é dividir a semanada: uma parte para gastos, uma para poupar e uma terceira para doar para pessoas mais necessitadas, compartilhar ou mesmo usar em presentes para amigos e familiares. Todos os meses, 10% da minha renda vai para doação e isso estimula a generosidade das crianças e o olhar para o outro, sem esperar nada em troca. Quando a minha renda era baixa, eu doava meu tempo com trabalho voluntário. Ir a escolas carentes e ler histórias tem um efeito incrível na vida das crianças.

Aos 9 anos, eles já podem colocar suas economias em uma conta própria; aos 12 anos, a semanada já pode se tornar mesada, uma vez que a criança já tem alguma noção de como gerir o dinheiro e deve aprender a fazer planos mais longos, como para uma viagem no fim do ano, por exemplo.

Conforme eles crescem, podem ser apresentados a outros tipos de investimentos. O importante é mostrar que diferentes produtos podem ter diferentes rentabilidades, mas também riscos a serem considerados.

Como lidar com desejos e expectativas das crianças

As crianças costumam querer tudo, o tempo todo. Mas mesmo que você tenha condições financeiras e possa comprar o que elas querem, isso não é saudável. Aprender a gastar o dinheiro é tão ou mais importante do que aprender a ganhá-lo. Então aqui vão algumas sugestões para lidar com os desejos dos filhos:

- Não prometa. Use a estratégia vamos pensar e avaliar juntos se você quer ou você precisa.
- Faça projetos de consumo com as crianças para o final de semana. Consumir experiências é a melhor forma de estimular vivências e a criatividade deles. Converse e estimule a construção de planos e sonhos.
- Quando o assunto é consumo por coisas, seja assertiva e amorosa. Ofereça sempre opções de escolha. Ex.: se comprar isso agora, não faremos ou teremos aquilo amanhã. Também cumpra os acordos. Você pode ser flexível, mas não pode ser volúvel. Negocie.
- Peça desconto nas suas compras, sobretudo quando as crianças estiverem por perto. Pais que valorizam o dinheiro ensinam os filhos a fazerem o mesmo.
- Ajude seu filho a ser responsável por suas escolhas. Alerte sobre as consequências. Comprometer-se com um projeto é imprescindível para o processo de crescimento pessoal e financeiro.
- Mesmo que seu filho seja herdeiro, ensine o valor das coisas e, principalmente, o valor do tempo, que é de fato o que temos de mais precioso. Saber o que fazer com nosso tempo é a certeza de que estamos fazendo a diferença no mundo. Riqueza é poder fazer a diferença na vida de alguém. Dinheiro é importante para comprar tempo, pois assim você pode pagar por tarefas que não gosta de fazer, para então ter mais tempo de aproveitar a vida fazendo o que gosta.

Na prática, como planejar o futuro dos filhos?

Eu ensino meus filhos a serem investidores e não poupadores. Qual é a diferença? O poupador economiza em tudo o que pode, não toma riscos e, aos poucos, torna-se refém da necessidade de poupar cada vez mais. Já o investidor coloca o dinheiro para trabalhar pelos seus sonhos, procura aplicações que podem aumentar seu patrimônio e contribui com a economia real.

Investir é diferente de poupar não apenas no resultado final do seu saldo, mas também na mentalidade por trás do dinheiro. Investindo em companhias no mercado, as crianças aprendem a lidar com o sobe e desce não apenas das ações, mas adquirem habilidades fundamentais para quem deseja empreender no futuro: paciência para conquistar em pequenas doses, resiliência ante às perdas e capacidade de se reinventar frente aos diversos cenários.

Investir vem do latim *investire*, que significa revestir ou vestir de novo. Quando a criança entende a finalidade de dar uma nova utilidade ao dinheiro, fomentando negócios, alavancando a economia e sobretudo sendo parte das empresas que gosta de consumir — e é premiada por isso —, ela compreende o sentido de ser investidor e de diversificar os investimentos na vida. É sendo sócio e apostando nos projetos que se desenvolve um país. E quanto mais produtivo é o país, maior é a renda *per capita* e menor a desigualdade. É esse o futuro que queremos para eles, certo?

Meus filhos não vivem, mas convivem com seus respectivos pais e, por morarem comigo, recebem uma pensão que eu uso exclusivamente para eles e não contabilizo como minha receita.

Para minhas fontes de ganho, eu levo realmente o plano "pague-se primeiro" à risca: 20% de tudo que eu recebo vai para a minha cesta de investimentos. Percebam que eu estou me colocando em primeiro lugar aqui. Por quê?

Egoísmo?

Não! Respeito ao meu "eu" futuro. Definitivamente, não quero ser um peso na vida dos meus filhos. Pensar que corro o risco de depender deles ou de quem quer que seja me causa verdadeiro pavor.

Em seguida, eu planejo a vida financeira deles.

Eu quero que eles escolham, e para ter liberdade de escolha precisam de dinheiro. Por isso, cada um tem, todos os meses, um orçamento para investir. Lara e Luca recebem a mesma quantia. Eu destino em torno de 5% da minha renda para eles. Ou seja, cada um recebe 2,5%. E na sua casa pode ser menos ou mais que isso. Depende de sua disponibilidade.

Sendo mais específica, vamos exemplificar:

> **Se você ganha R$ 5 mil e tem 2 filhos, R$ 1 mil deve
> ser para o seu "eu" futuro e
> R$ 250,00 para o futuro de seus filhos.
> R$ 125,00 para cada um.**

Ou seja, R$ 1.250,00 de investimentos mensais.

Quando eu estava casada, somava a receita do meu marido para esse cálculo e dividia entre os dois filhos.

Eu comecei a fazer investimentos para eles quando tinham 2 anos e me arrependo por não ter feito antes, mas eu estava em um momento desorganizado em todas as áreas da minha vida.

Independentemente do seu momento de vida, o tempo e os juros compostos proporcionam efeitos multiplicadores de riqueza, então, quanto antes você começar, mais rápido chegará à sua liberdade.

Pesquisas comprovam que o simples fato de você cuidar do seu dinheiro e saber que ele está trabalhando por você já elimina boa parte da ansiedade e preocupação.

Enquanto o dinheiro é a principal fonte de estresse das pessoas, o ato de poupar e investir são os principais impulsionadores da confiança das mulheres.

Lidar com o seu dinheiro e organizar a vida de seus filhos vai melhorar sua saúde mental e ajudar a acabar com todo o estresse, culpa e ansiedade.

Mas criança pode investir?
Deve!

No primeiro momento, é você quem deve fazer, obviamente, mas a partir dos 7 anos a criança já pode se familiarizar com o mundo das finanças e comprar, ela própria, sua independência financeira.

Capítulo 12
O tempo é das crianças

"Estar vivo significa viver em um mundo que precedeu à própria chegada e que sobreviverá à partida."
Hannah Arendt

Eu tenho uma filosofia: criança não precisa se preocupar em ter reserva de emergência, então recomendo que ela invista 100% dos recursos na renda variável, assim como eu faço com os meus filhos.

Vale lembrar que a renda variável é o investimento que funciona sem que você saiba previamente qual será sua rentabilidade. Seus ganhos vão depender de variáveis de mercado (economia, política social), do desempenho das empresas e/ou ativos que você comprou.

Na minha casa eu ensino que quando escolhemos uma empresa e compramos ações, passamos a ser sócios, donos dessas empresas. Apresento sempre opções de empresas que eles já viram ou têm alguma relação.

Por exemplo, costumo comprar roupas para eles nas lojas Renner. Sempre que vamos ao shopping, eles dizem: "Mãe, vamos visitar nossa loja?"

Na loja, avaliamos tudo: atendimento, qualidade dos produtos, eficiência. Isso para saber se no mês seguinte faremos a mesma escolha.

Lara gosta dos produtos da Natura e decidiu comprar suas ações, já que é consumidora da empresa.

Luca gosta da Apple e passou a investir em BDRs — uma espécie de "título" de ações de empresas estrangeiras não listadas na B3, mas que podem ser compradas da mesma forma que as ações.

Ambos têm várias outras empresas em seus portfólios.

Quando perguntados sobre o que é investir, eles têm a resposta na ponta da língua:

"É ganhar dinheiro sem precisar fazer praticamente nada."
Para as crianças, são estes os produtos na minha ordem de preferência:

| Ações | BDRs | ETFs |

| Fundos de Ações | Fundos Cambiais | Fundos Multimercados agressivos |

| Fundos de Previdência com perfil agressivo |

Seu filho pode e deve investir desde cedo. Para saber como dar educação financeira e torná-lo investidor ao seu lado, acesse este QR code:

Investir pode ser uma carreira?

Investir pode ser uma carreira para seus filhos, mas isso não quer dizer que eles irão se acomodar. Pelo contrário, o objetivo aqui é que eles tenham segurança para, quando adultos, poderem se dedicar a trabalhar em seus objetivos, com o que realmente amam e se identificam, e não apenas por um salário no fim do mês.

A carreira de investidor é acessível a todos, independentemente da idade, mas as crianças têm o benefício do tempo a seu favor que, quando usado corretamente, pode potencializar sonhos e oferecer tranquilidade na vida adulta.

Crianças precisam ter conta em banco?

Para investir, seu filho não necessariamente precisa ter conta em banco, já que é possível utilizar a conta bancária do responsável legal nas transferências para a corretora, mas esse é um instrumento importante para a educação financeira dos pequenos.

Com a conta bancária, a criança aprende desde cedo a fazer a gestão digital do seu dinheiro, além de permitir que familiares e amigos possam presenteá-la com recursos financeiros (em vez de mais um brinquedo barulhento ou roupas que eles detestam ganhar), aumentando o capital do seu filho, disponível para investimentos em ativos que poderão oferecer benefícios em longo prazo.

Quando você abre uma conta para seu filho no banco, pode fazer toda a gestão da vida financeira da criança separada da sua. É a independência financeira desde cedo.

O cartão você pode solicitar quando ele entender o processo. A partir dos 7 anos, eles já conseguem administrar suas receitas e gastos sozinhos.

> **IMPORTANTE:** Deixe seus filhos tomarem pequenas decisões; errar é fundamental para o crescimento.

Como escolher o banco para seu filho?

Banco tradicional x Banco digital x Corretoras

Os bancos tradicionais são os que já conhecemos, com agências físicas, gerentes, burocracia, custos, taxas e opções de investimentos atreladas à bandeira do banco. Tudo faz parte do "pacote da tradição". Para manter essa estrutura pesada, há um preço (alto) embutido junto aos produtos e serviços que nos oferecem. Um modelo ultrapassado, sobretudo para as novas gerações.

Os bancos digitais, por sua vez, são boas opções principalmente para quem está começando. Oferecem facilidade, desburocratização e custos mais baixos comparados aos bancos tradicionais.

Apesar de práticos, os bancos digitais ainda não disponibilizam uma grande variedade de categorias de investimentos e produtos financeiros. Logo, investir por eles não é a melhor opção para a sua independência financeira.

Já as corretoras, também conhecidas como plataformas de investimentos, funcionam como um grande supermercado no mercado financeiro: concentram produtos de diferentes instituições, bancos, empresas etc., ofertando esses ativos de forma 100% digital.

Para o investidor, o resultado é o acesso a uma variedade de produtos financeiros e melhor experiência na hora de investir. Tudo isso a um custo menor e as melhores ferramentas de análises de investimentos. Com as corretoras, seu filho também terá acesso ao *home broker* e poderá comprar ações e ETFs com facilidade.

Recomendo, no entanto, que as negociações sejam feitas pelos pais ou com total supervisão deles.

Você pode escolher abrir ou não uma conta bancária para o seu filho, tradicional ou digital. Mas, para investir, as melhores opções estão nas corretoras.

O que é obrigatório para investir?

- Carteira de Identidade e CPF.
- Possuir uma conta em banco (tradicional ou digital) em nome da criança ou do responsável legal. Para educação financeira, o ideal é no nome da criança.
- Possuir uma conta em uma corretora de valores porque há maior variedade de produtos financeiros, mais informações e análises com menor custo.

O exemplo, como sempre, vem de casa. Tudo que eu faço para mim, também faço para os meus filhos. Utilizo, sobretudo, as mesmas instituições, o que facilita na hora de automatizar os investimentos e negociar taxas. Levar a sério todo o processo é sua missão como mãe/pai ou responsável legal.

Como abrir a conta de um menor de idade na corretora?

A abertura de conta é gratuita e 100% digital. Acessando o QR code abaixo, você verá o passo a passo para seu filho começar a investir.

Tenha em mãos:
- Um e-mail válido que pode ser da criança ou seu (se você tiver conta na corretora, precisa ser um e-mail alternativo não utilizado em seu cadastro).
- CPF da criança (se tiver identidade, melhor).
- Documentos dos responsáveis.
- Comprovante de residência.
- Dados da conta bancária: sua ou da criança (de preferência).

Você também pode fazer tudo pelo App, é só baixá-lo no seu celular. Se a criança tiver celular, baixe o aplicativo diretamente no aparelho dela. A partir de 7 anos, eles já entendem e adoram.

IMPORTANTE: A tributação dos investimentos das crianças é a mesma dos adultos, já que a incidência é atrelada aos produtos e não ao investidor. Venda de ações no valor de até R$ 20 mil, dentro do mesmo mês, está isenta de imposto. Logo, a venda de ações acima de R$ 20 mil no mês será tributada e o pagamento de 15% sobre o lucro deve feito via DARF. Os responsáveis legais devem incluir as crianças — e seus respectivos investimentos — como dependentes na sua declaração anual de imposto de renda.

Não importa quanto você tem para começar; é de pouquinho em pouquinho que as crianças podem aprender o valor do dinheiro e como colocá-lo para conquistar sonhos, construindo uma relação saudável com as finanças na vida adulta.

Capítulo 13

Para terminar

"Acredito que somos os únicos responsáveis
por nossas escolhas e que temos de aceitar
as consequências de cada ato, palavra e
raciocínio, pelo resto de nossas vidas."
Elizabeth Kubler-Ross

O investimento na vida que queremos levar é, para mim, sinônimo de liberdade e independência, mas é muito importante saber que não existe fórmula milagrosa.

A pressa pode se tornar um obstáculo e também motivo de frustração. A mulher que lucra tem paciência, disciplina, estratégia e objetivos de vida claros em todas as esferas.

Hoje, olhando para trás, apesar dos percalços, não me arrependo das minhas escolhas. Foram elas que me fizeram chegar até aqui. Mas a escolha que mais me dá orgulho é a de tomar posse dos meus gostos, do meu tempo, das minhas vontades, da minha vida. Quando experimentamos essa sensação, não há nada mais recompensador. Espero que você também possa dar esse passo comigo. Porque é claro que a mulher que lucra também sofre, mas ela pode chorar em Paris!

Enquanto isso...

Se não igualarmos o número de homens e mulheres no mercado financeiro e em cargos de liderança, o mundo voará com uma asa só.

Independência emocional e financeira são complementares. O caminho para ter liberdade de escolha é se capacitar para fazer e investir o dinheiro.

Ninguém vai abrir espaços realmente lucrativos para as mulheres apenas pelo gênero. E isso é bom porque não somos incapazes, portanto devemos ir lá e roubar a vida que desejamos.

Pegar, mas com sacrifícios. Sim, temos múltiplas tarefas, mas reclamar disso agora não muda em nada nossa situação; serve apenas para tirar a paz de quem ouve nossos lamentos. Se fizermos por onde, talvez a nova geração de meninas tenha uma vida mais equilibrada, com tarefas mais bem distribuídas. Sim, alguém tem que fazer alguma coisa, e esse alguém sou eu e você.

Eu decidi lucrar. Porém, para obter lucro tive que abrir mão de uma série de crenças culturais. Do que você está disposta abrir mão para ter lucro?

Não decidir nada é também uma decisão!

Roubando uma vida...

Roubar espaço é deixar a mão levantada quando queremos falar, mas não nos ouvem como deveriam.

Roubar espaço é saber quanto vale nosso tempo, nossa hora, e não deixar que paguem menos do que vale.

Roubar espaço é aceitar uma promoção mesmo que não saiba o que deve ser feito e aprender no meio do caminho.

Roubar espaço é não levantar a voz para sermos levadas a sério, mas, sim, melhorar nossos argumentos. Eles melhoram com leitura e qualificação.

Roubar uma vida é se inspirar em mulheres que estejam alinhadas com seus discursos e ações.

Roubar uma vida é lucrar com nossas escolhas, é deixar para trás quem não está alinhado com nossos objetivos e cercar-se de pessoas com quem possamos aprender.

A vida é maior que seus momentos!

O que está em jogo não é o dinheiro, mas o poder de escolha proporcionado por ele.

Eu aprendi a lucrar quando decidi ser natural e espontânea, agir mais e reagir menos, cuidar com as falas emocionais, em especial as que passam agressividade ou outra afeição qualquer. Aprendi a olhar nos olhos, não de modo desafiador, reprovador, mas com empatia, sinceridade, acolhimento, compreensão. E sabe o que mais? Sempre falo a verdade, é libertador. Se algo não pode ser dito, melhor não dizer. Substituir por uma mentira pode ser uma armadilha e uma escravidão.

Aprendi com Aristóteles: dizer o que é quando é, e o que não é quando não é. Principalmente no mundo dos negócios.

Aprendi que não romantizar os problemas é fundamental para resolvê-los. Pensar como um homem, num mundo dominado por eles, usar as mesmas armas e agir friamente, na maioria das vezes, costuma ser uma estratégia valiosa. Aprendi a falar pouco, ouvir mais e finalizar uma reunião bem posicionada com um alegre sorriso no rosto. Sim, um sorriso belo e honesto é uma das armas mais poderosas de uma mulher que lucra.

Aprendi que autenticidade e gentileza são armas poderosas usadas por alguém intelectualmente seguro. Os ataques, melhor ignorar e responder com ações. E, por fim, em relação aos meus filhos, eu substituo a culpa por estar ausente, muitas vezes ocupada com meus projetos, com tempo de qualidade dedicado a eles.

Uma mulher que consegue se libertar dos estereótipos sociais e vai à luta torna-se inspiração para todos à sua volta, sobretudo as que são mães e mostram aos seus filhos o poder da coragem. Mãe não é necessariamente aquela com direitos legais sobre filhos. Mãe não tem gênero. Há inúmeras mães sem filhos, e a essas eu volto meu olhar ainda mais sensível porque o são sem nenhuma obrigação. Tem pai que é mãe, amigos, parceiros e companheiros que são mães. Existem as mães que escolhemos em vida, e muitas vezes é mais mãe que a própria mãe socialmente construída. Mãe é generosidade, é sempre fazer o melhor que existe para quem lhe importa. É cuidado. Tem gente que tem mais de uma mãe, já outros, não têm mais além da opção de ser mãe de outras pessoas. Mãe é mãe. Mãe também pode escolher e ser escolhida. Mãe não é perfeita, mas é suficientemente boa. Ser mãe é ser. Nunca se está mãe, se é. Mãe atende unicamente pelo sobrenome Amor.

Não importa a sua idade hoje, se a cobrança social julga cruelmente suas escolhas, não importa o que a vida fez com você, não importa a opinião de quem não nos importa. Importa é ter conhecimento e amor. Firmeza e doçura. Ser fiel a um objetivo que valha a pena.

Uma mulher que lucra ama ser o que é: acorda todos os dias pela manhã, levanta a cabeça, sorrindo ou chorando, vai lá e ataca o seu dia!